Daniel A. Kempken

Schlaglichter Cayman Islands

Highlights, Tipps und Kuriositäten

FSC
www.fsc.org
MIX
Papier aus ver-
antwortungsvollen
Quellen
Paper from
responsible sources
FSC® C105338

Titelmotiv:

Das in George Town beheimatete „Piratenschiff Jolly Roger" (s. a.
Seite 17)

© 2016 Daniel A. Kempken, Berlin

Umschlaggestaltung/Layout/Satz:

Konzept · Art · Text Peter Wolff, Mönchengladbach

Herstellung und Verlag : BoD - Books on Demand, Norderstedt

ISBN: 978-3-8391-3162-6

Daniel A. Kempken wurde im Jahre 1955 in Mönchengladbach geboren. Er hat die Juristerei studiert und danach als Rechtsanwalt und Notar gearbeitet. Davor und zwischendurch war er Fließbandarbeiter, Trödler, ehrenamtlicher Sozialarbeiter und Reiseleiter. Seit 1989 ist er in der Entwicklungszusammenarbeit und im Auswärtigen Dienst tätig. Seine Reisen führten ihn in diverse Länder vor allem in Lateinamerika. Gelebt hat er in Deutschland, Spanien, Sambia und Ecuador. Seit 2012 arbeitet er in Honduras.

Mehr unter *www.danielkempken.de*

Meine Frau Ingrid und ich sind zum ersten Mal aus purer Neugierde auf die Cayman Islands geflogen. Wir hatten gehört, dass dort ein Steuerparadies ist und wollten einfach mal schauen, wie Leute aussehen, die ihr Geld im Paradies verstecken. Und karibische Inseln mit schönen Stränden und vielen Palmen sind die Cayman Islands ja auch. Wir leben in Honduras. Von La Ceiba an der Nordküste war es gar nicht weit, nur anderthalb Stunden mit dem Flugzeug. Also nichts wie hin.

Es hat uns dort so gut gefallen, dass wir noch drei weitere Male hingeflogen sind. Obwohl Grand Cayman, Cayman Brac und Little Cayman zusammen nur 265 Quadratkilometer umfassen (zum Vergleich Kanarische Inseln: fast 7500 Quadratkilometer), gibt es eine Menge zu sehen, zu tun, zu genießen und zu entdecken. Stoff für einen kleinen Reiseführer mit Einblicken in die Kulisse des Weltbestsellers „Die Firma" haben die drei Inseln mir allemal geboten. Hier ist er. Willkommen in einem schicken Tropenparadies.

Dank und Fotonachweis:

Großen Dank schulde ich meiner Frau Ingrid für das Lektorat, Ulla Preis und Peter Wolff für die Gestaltung des Buchs.
Emma Jane Nicholsby von DiveTech (S. 9, 31, 77), David Alcantara (S. 32, 77) und Dunja Yeap vom Grand Old House (S. 44) haben tolle Bilder beigesteuert. Auch ihnen vielen, vielen Dank!

Inhalt

Schlaglichter

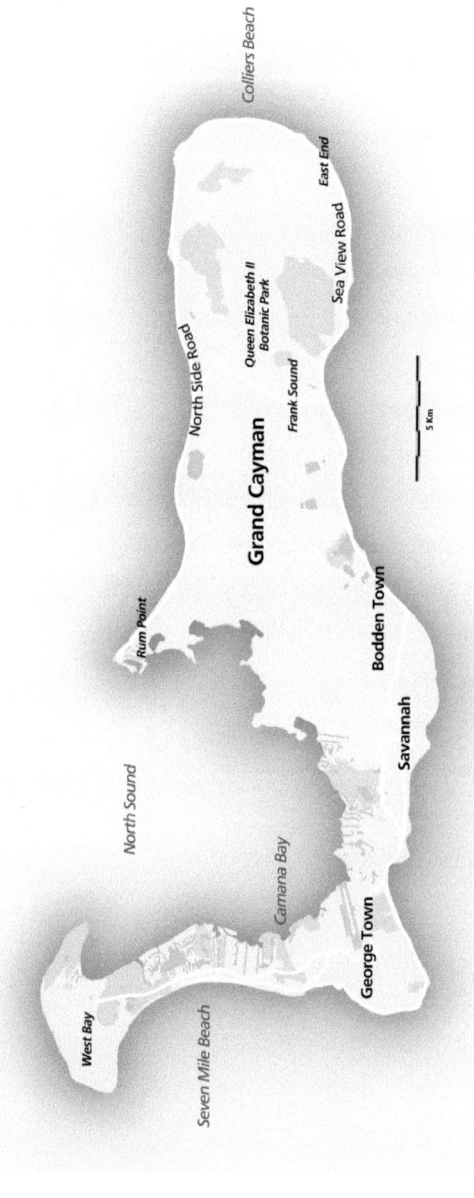

Grand Cayman

Colliers Beach

East End

Sea View Road

Queen Elizabeth II Botanic Park

Frank Sound

North Side Road

5 Km

Rum Point

Bodden Town

Savannah

North Sound

Camana Bay

George Town

West Bay

Seven Mile Beach

1. Schlaglicht
Grand Cayman

Sonnenuntergang am Seven Mile Beach

Grand Cayman ist **Karibik de Luxe, wie in einer Telenovela**: der perlenweiße Seven Mile Beach, Sonnenuntergänge in Technicolor und Gourmet-Restaurants bis zum Abwinken; bunte Cocktails schlürfen, im Korallenriff tauchen, mit einer schicken Yacht kreuzen und in edlen Klamotten vor glitzernden Schaufenstern flanieren. Dazu noch zwei Superstars aus der Tierwelt: halbzahme Stachelrochen aus Stingray City, der „Stadt" im Meer, und quietschblaue Leguane, die aussehen, als kämen sie aus der Augsburger Puppenkiste.

Seven Mile Beach

Highlights:

Die Einheimischen sagen, der famose **Seven Mile Beach** sei nur fünfeinhalb Meilen lang. Doch sieben Meilen klingt irgendwie besser – und angemessener. Denn man darf ihn mit Fug und Recht zu den schönsten und exklusivsten Stränden der Welt zählen. Ein karibischer Bilderbuchstrand im Farbton von Champagner und Perlen – passend zum Publikum. Zugegeben, der Seven Mile Beach ist nicht so breit wie der Strand von Miami. Man sieht auch nicht gar so viele Latina-Schönheiten; auch nur wenig knackige Beachboys; dafür viele Engländerinnen mit Tea-Time-Gesichtern und schlaffe Banker. Aber es gibt auch definitiv kein Ballermann-Publikum. Der feinkörnige Sand ist einfach herrlich, fast wie Puderzucker, so hell, dass man selbst bei großer Hitze barfuss laufen kann, ohne sich die Sohlen zu verbrennen. Das vom Lieben Gott ganzjährig wohl temperierte Wasser schimmert Türkis und Aquamarin-Blau. Und wenn dann an einem dieser vielen schönen Tage die Sonne im Meer versinkt, sind Sie plötzlich mitten in einer surrealen Filmkulisse mit Farben, die dramatisch zwischen gelb, rot, violett und rosa changieren.

Stingrays sind verspielte, Satellitenschüssel-flache Stachelrochen. Mit ihren an den Körper geschmiegten Großflossen erinnern sie tatsächlich an das Design des legendären Sportwagens Corvette Stingray. Die Rochen sind oben grau und unten weiß. Sie leben standesgemäß in „Stingray City". Weil Fische nicht in normalen Städten leben können, ist Stingray City auch nicht wirklich eine Stadt, sondern eine besonders seichte Stelle in der Bucht von Northsound. Die Stingrays sind gerne in ihrer Stingray City, weil clevere Leute sie dort füttern. Die Urlauber sind dort, weil man bequem im flachen Wasser auf der Sandbank stehen und mit den fast zahmen Rochen zusammen plantschen kann. Ein wahrhaft außergewöhnliches Erlebnis, wenn so ein seltsamer Fisch mit bis zu zwei Metern Spannweite auf einen zu schwimmt! Gefährlich ist das in aller Regel nicht. Man sollte allerdings wissen, dass die Stingrays einen sehr langen, mit giftigen Stacheln versehenen Schwanz haben,

der ein bisschen an den Schwanz des Satans erinnert. Also bloß nicht an den Schwanz packen. Und auch sonst auf die professionellen Begleiter der jeweiligen Bootstour hören. Halbtagsbesuche bei den Stingrays werden bei verschiedenen Veranstaltern ab 35 US$ angeboten.

Stingray City

Tipps:

Gegenüber vom Seven Mile Beach auf der Höhe des Royal Palms Beach Club liegt **Camana Bay**, ein feudales Retortenviertel mit einem

9

davor liegendem Insel-
chen und einem mon-
dänen Yachthafen. Die
Hauptstraße von Cama-
na Bay ist die Market
Street – Miami's Lincoln
Road im Westentaschen-
format. Hier rückt das
auf der Insel übliche britische Understatement in
den Hintergrund. Beim

Camana Bay

Juwelier funkeln die Diamanten beängstigend schön, die Modegeschäfte sind nicht ohne, und plötzlich sind die todschicken Frauen mit
genial geschnittenen Minikleidern und High Heels auch wieder da.
Preisschilder sind in den noblen Shops eher selten; denn vielen ist es
eh wurscht, was die Sachen kosten. Es gibt feine Straßencafés,
Edeleiscrème- und Joghurtdielen, Spitzen-Restaurants, ja sogar einen
gut bestückten Buchladen und Wasserspiele, in denen die Kleinen
herumtollen. Abends geben Licht-Installationen dem Ganzen einen
surrealen Touch. Camana Bay, ein idealer Ort, um reich und schön zu
sein – oder einfach einmal so zu tun. Von einem Turm aus kann man
sich das mondäne Treiben von oben anschauen. Neuerdings sitzen an
der Market Street blaue Leguane zwischen den Zierpflanzen; die Figuren sind so gelungen, dass die Leute bisweilen fragen: „Lebt der?" In
der vorgelagerten Camana-Bucht liegt eine winzige Insel ganz ohne
Geschäfte zum Spazieren, Entspannen oder zwischendurch mal sein
Geld zu zählen. All das ist nur der Anfang. Um Camana Bay herum
wird gebaut, dass die Insel kracht: Straßen, Wege und Unterführun-
gen, Hotels, Ladenlokale und Büros aller Art und Größe. Hier entsteht
eine Trabantenstadt der Superlative.

Für mich die im Preis-Leistungs-Verhältnis beste Unterbringung am
Seven Mile Beach: **Plantation Village**, eine ansprechend gestaltete und
gut gepflegte Time-Sharing-Anlage, die zu recht gemäßigten Preisen

Plantation Village

auch an Feriengäste vermietet. Großzügige Apartments mit zwei oder drei Schlafzimmern, Balkon und Wohnküche ab 235 US$ pro Tag. Zwei Pools, der kleinere direkt am Strand, freundliche und hilfsbereite Rezeption, über die man auch Ausflüge und Taxis buchen kann; Fahrräder und Kajaks sind im Preis inbegriffen. Zur Belustigung der Gäste tapern bisweilen quietschgrüne Leguane um den größeren Pool herum. Wussten Sie schon, dass die auch schwimmen können? Aber hallo! Die kleinen Drachen schweben quasi über das Wasser wie seinerzeit Jesus über den See Genezareth; dann legen sie sich auf der Poolinsel in die Sonne und ruhen sich aus. Wer keine Lust hat, einkaufen zu gehen und sich sein Frühstück selbst zuzubereiten: schräg gegenüber im Coconut Joe's gibt es ausgezeichnetes Frühstück zu günstigen Preisen. Buchen kann man im Plantation Village nur über die Webseite der Anlage: *www.plantationvillage.com*.

Das **Grand Cayman Marriott Beach Resort** ist eine schicke Unterkunft direkt am Seven Mile Beach mit Balkonen an allen Zimmern (teilweise mit Meerblick) und wunderbaren Betten, ideal für die Flitterwochen. Nach einer großen Modernisierungsaktion hat das Marriott etwas Atmosphäre verloren; mit viel hellem Holz, Bast und kantigem Interieur wirken die umgestalteten und ineinander übergehenden Räume von Rezeption, Frühstücksraum und Bar wie ein überdimensioniertes Sushi-Restaurant. Die Terrasse direkt über dem Strand ist nach wie vor ein Traum; nur leider schließt die Bar abends schon sehr früh, und die Gäste werden in die heruntergekühlte Halle verwiesen. Ansonsten ist der Service optimal. In der Hochsaison ist das Marriott einfach zu teuer (bis zu 900 US$ das Doppelzimmer); in der Nebensaison kann man mit etwas Glück ein Zimmer für 250 US$ bekommen, dann passt es.

Die vornehmen **Grand Cayman Beach Suites** (das frühere Hyatt Grand Cayman) gehören zu den besten Adressen am Seven Mile Beach. Die Anlage ist allerdings noch etwas teurer als sie aussieht (mind. 300 US$ für das Doppelzimmer).

Ritz Carlton

Das beste Haus am Platze ist zweifellos das feudale **Ritz Carlton** am Seven Mile Beach. Nicht gerade billig, bestens geeignet für Leute, die gerade eine große Erbschaft gemacht haben, oder ihr Geld lieber ausgeben, bevor es auf einer der Cayman-Banken entdeckt und versteuert wird (Doppelzimmer ab 400 US$, in der Hauptsaison das Doppelte). Schlecht angelegt ist das Geld im Ritz Carlton nicht.

Gleich nebenan das **Westin**, auch ziemlich hochpreisig (Doppelzimmer ab 300 US$), eine architektonisch sehr schön gestaltete Hotelanlage mit gleich drei dazugehörigen, guten Restaurants (Beach House, Tortuga und Ferdinand's).

Demnächst am Seven Mile Beach: die einheimische Immobilienfirma Dart Realty und die US-amerikanische **Kimpton**-Kette eröffnen 2016 am Strandabschnitt kurz vor Westbay ein gewaltiges Hotel-Resort mit über 250 Zimmern, fünf Restaurants und einem Pool mit Wasserfall. Motto des Projekts: stylisch und boutique; der Rohbau wirkt indes eher klotzig und tut dem bisher von Betonriesen weitgehend verschonten Panorama des Traumstrandes nicht besonders gut.

Kontrastprogramm: Im **Treasure Island Resort** am Anfang des Seven Mile Beach kann man zu zweit für etwas mehr als 100 US$ übernachten. Man muss allerdings gewisse Abstriche machen. Die in zweiter Reihe hinter dem Strand liegende Anlage ist nur leidlich gepflegt; die Zimmer lieblose Zweckform, allerdings mit Balkon, entweder mit

Blick auf den recht schönen Pool oder auf den Parkplatz. Ideal für Leute, die sich im Urlaub eh nicht gern im Hotel aufhalten.

Im **Holiday Inn Resort Grand Cayman** gibt es Zimmer ab 150 US$. Die Anlage ist recht schön und gepflegt, allerdings zu Fuß etwa eine halbe Stunde vom Seven Mile Beach entfernt am anderen Ufer der Landzunge. Dort ist man ziemlich abgemalt; denn außer dem North Sound Golf Club gibt es weit und breit nichts.

Der **Royal Palms Beach Club** ist eine ansprechende Anlage direkt am Seven Mile Beach, wo jedermann und frau für zwei Dollar Eintritt einen netten Tag verbringen kann; mit Pool, Liegen, Duschen, einem guten Restaurant direkt am Meer und einer coolen Bar. Abends ist hier bisweilen richtig was los. Man kann sich auch für 100 US$ am Tag einen Bungalow mieten. Sehr beliebt bei Kreuzfahrttouristen. Über-nachtungen sind im Royal Palms Beach Club allerdings nicht möglich.

Auf Grand Cayman, genauer gesagt am Seven Mile Beach gibt es gleich **drei Golfplätze**. Der zum Hotel Ritz Carlton gehörige Blue Tip Golf Course ist Hotelgästen vorbehalten. Doch ärgern Sie sich nicht. Die ansprechend gestaltete Anlage hat ihre Nachteile: Die neun Bahnen sind von so vielen Wasserläufen und kleinen Seen eingefasst, dass bestimmt viele Bälle verloren gehen. Für die Öffentlichkeit zugänglich und gleich daneben der vom Design her etwas langweili-gere Platz des North Sound Golf Club. Er hat 18 Löcher und ist der

einzige für internationale Turniere geeignete Parcours der Insel. Die landschaftlich attraktivste Anlage ist der von Golflegende Jack Nicklaus entworfene Britannia Golf Course mit neun Bahnen etwas nördlich von Camana Bay. Auch hier kann man gegen Zahlung eines entsprechenden Green Fees spielen. Als besondere Cayman-Islands-Einlage werden Ihnen auf den Golfplätzen – selbst auf dem ausschließlich für Hotelgäste zugelassenen Parcours des Ritz Carlton – Leguane und Hühner begegnen.

Stadthalle in George Town mit der Town Clock

George Town

Die Hauptstadt von Grand Cayman wirkt eher unspektakulär und bescheiden; es ist ja auch eine der kleinsten Hauptstädte in der ganzen Welt. In George Town gibt es recht hübsche Holzhäuser mit Inselgeschichte; außerdem eine Kirche und ein altes Fort, besser gesagt zwei Kanonen, die von der früheren Festungsanlage übrig geblieben sind. Ansonsten viel Modernes, banale Bürogebäude und natürlich die Banken. Sie haben keine Glasfassaden und keine glitzernden Türme, oft noch nicht einmal einen Schalter für ihre diskreten Kunden. George Town ist ein ordentliches und gepflegtes Städtchen, fast wie die Dörfer im Schwabenland. Ein bisschen urig geblieben ist der kleine Fischmarkt am Ortsausgang an der North Church Street.

Sehenswert und fotogen sind die **Uferstraße** mit der blütenweißen **Elmslie Memorial United Church** und einer teilweise sehr schönen Karibik-Architektur, Arkadengängen und dem **National Museum**. Auch das historische **Postgebäude** an der schicken Cardinal Avenue und die Stadthalle (1919 Peace Memorial) mit der niedlichen **Town Clock** davor sind einen Besuch wert. So ein Uhrturm darf ja in einem britischen Überseegebiet nicht fehlen – und sei er auch noch so klein.

Das **National Museum** ist mit seinen 170 Jahren das älteste öffentliche Gebäude der Insel. Es hat schon als Gericht, als Schule, als Kirche und sogar als Tanzsaal gedient. Die wechselhafte Geschichte der Inseln und ein Blick in ihre Zukunft, Geografie, Menschen, Tiere und Pflanzen, das auf den winzigen Cayman Islands allgegenwärtige Meer,

alles das wird anschaulich und abwechslungsreich präsentiert. Zur Einstimmung gibt es eine spannend gemachte Videoshow, die mit den treffenden Worten beginnt: „Am Anfang war das Meer." In einer U-Boot-Attrappe können Sie bis zu 1000 Meter tief tauchen und durch ein virtuelles Bullauge die verschiedenen Meerestiere betrachten, die einem auf der Reise durch Neptun's

Elmslie Memorial United Church

Reich begegnen. Eine alte Gefängniszelle, ein bisschen moderne Kunst und ein Extra-Museums-Zimmer für die Kleinen gibt es auch. Das National Museum hat mehr als die übliche Heimat-museums-Kost zu bieten.

An manchen Wochentagen liegen vor dem beschaulichen George Town bis zu einem halben Dutzend **Kreuzfahrtschiffe**. Allein von ihrer schieren Größe her sind die schwimmenden Städte für mehrere tausend Passagiere ein gutes Fotomotiv, ganz besonders im Kontrast zu den vergleichsweisen kleinen Holzhäusern der Hauptstadt von Cayman Islands.

Am Kreuzfahrthafen, an der Uferpromenade und in den Straßen dahinter gibt es eine Vielzahl von Andenkenläden, Mode- und Schmuckgeschäften. Auf die „Stundengäste" der Kreuzfahrtschiffe warten Tausende von Badelatschen und noch mehr T-Shirts, Rumkuchen, Zigarren, Souvenirs aller Art und Güte. Die **Cardinal Avenue** mit den wirklich edlen Geschäften ist die Flaggschiff-Straße von George Town. Hier liegt auch das **Kirk Freeport** Edel-Einkaufszentrum; ob Rolex, Cartier oder Gucci, alle Luxusgeschäfte, die Rang und Namen haben, sind vertreten. Ansonsten ist es in George Town nicht so wirklich schick und niveauvoll wie in dem neu geschaffenen Luxusviertel Camana Bay hinter dem Seven Mile Beach. Das merkt man spätestens dann, wenn die Verkäufer der nicht ganz so feudalen Juwelierläden einen mit ihren Sonderangeboten voll texten. Vor den (besten?) Andenkenläden weisen Papp-Piraten den Kreuzfahrer/innen den Weg in das richtige Geschäft.

Das **Paradise Restaurant** auf der South Church Street hat den treffenden Namenszusatz „By the Sea"; ein trefflicher Ort mit herrlichem Blick auf Meer und Hafen zur einen Seite. Und wer zur anderen Seite über die Straße schaut, blickt aufs Geld, genauer gesagt auf das **Ugland**

House. In dem nur vier Stockwerke hohen Bürogebäude sind etwa 18.000 Firmen zu Hause – so sieht also ein Geldspeicher des 21. Jahrhunderts aus.

Gleich nebenan vom South Terminal startet das **Piratenschiff Jolly Roger** (Titelbild dieses Buches). Es ist ein Nachbau einer der Karavellen, mit denen Christoph Kolumbus durch die Karibik gekreuzt ist. Angeboten wird ein Tagestrip mit Schnorchel-Pause und Abend-Touren mit Sundowner oder Dinner. Und immer gibt es Rumpunch so viel wie reingeht *(www.jollycayman. com)*.

Am südlichen Ende von George Town liegt **Smith Cove**, auch Smith Barcadere genannt, eine liebliche Bucht mit einem kleinen Sandstrand, wunderbar zum Schwimmen, zum Plantschen, auch zum Schnorcheln oder einfach nur zum Fotografieren. Es ist einer der hübschesten Plätze der Insel, so romantisch schön, dass auch schon Hochzeiten dort stattgefunden haben.

Wie der Buddy Bär in Berlin, so bevölkert der Leguan Straßen, Plätze und Strände. Jede der stattlichen **Leguan-Skulpturen** ist von einem

Leguan-Skulptur am Smith Cove

anderen Künstler gestaltet. An dem Platz vor dem Post Office finden Sie einen bunten auf der Verkehrsinsel und einen dunkelblauen auf dem Trottoir. Am Strand von Smith Cove sitzt ein goldener und schaut aufs Meer.

Häuschen aus der alten Zeit

West Bay

Das nördlich vom Seven Mile Beach gelegene **West Bay** ist eine gelungene Mischung aus der alten, verschlafenen Karibik mit ihren gemütlichen Holzhäuschen und dem modernen Grand Cayman mit seinen schicken Restaurants, Villen und Yachthäfen. Am westlichen Ende des Ortes stehen gleich drei Attraktionen direkt nebeneinander: das Cayman Motor Museum, die Cayman Turtle Farm und die Dolphin Discovery-Anlage:

Der norwegische Magnat Andreas Ugland lebt auf den Cayman Islands und sammelt seit 40 Jahren Autos, die nicht gerade alltäg-

Batmobil im Cayman Motor Museum

lich sind. Seit 2010 sind 80 seiner Schmuckstücke im **Cayman Motor Museum** ausgestellt. Unter ihnen mehr als zehn Ferraris, ein halbes Dutzend Rolls Royce, der Bentley von Elton John, ein extra für den Diktator Idi Amin angefertigtes Mercedes-Cabriolet und das Batmobil aus dem Film. Außerdem eine Replik des ersten Autos der Welt: der Benz von 1886. Weil es so viele sind, stehen die Autos etwas beengt – doch sehenswert ist die Kollektion allemal (Eintritt 15 US$).

In der **Cayman Turtle Farm** leben Aberhunderte von grünen Meeresschildkröten. Manche sind noch schnuckelig klein wie in der Tierhandlung. Die ausgewachsenen Kameraden bringen bis zu 300 Kilo auf die Waage. Trotz ihres Übergewichts können sie bis zu fünf Stundenkilometer schnell schwimmen. In den kleinen Becken und in dem künstlichen See der Farm geht das natürlich nicht so gut. Aber dafür will ihnen hier auch niemand ans Fell bzw. an den Panzer. Grüne Meeresschildkröten gab es schon, als die Dinos noch auf Mutter Erde herumtaperten – und ein bisschen sehen sie auch so aus. Im letzten Jahrhundert wurde es dann eng für die Urviecher. Denn sie haben

schönes Leder und exquisiten Schildpatt; ihr Fleisch ist lecker, und als Suppenschildkröte taugen sie auch. So wurde das Fangen von Meeresschildkröten eine der Haupteinnahmequellen der Menschen auf den Cayman Islands. Kurzzeitig hat es sogar eine Fabrik für Schildkrötenfleisch in Dosen gegeben. In den 1960er

Jahren sind die prähistorischen Tiere schließlich fast ausgestorben. 1968 wurde endlich die Cayman Turtle Farm gegründet. Seitdem ist die Gefahr gebannt. Hier werden die Schildkröten gehegt, gepflegt und gezüchtet, übrigens auch für Restaurantbetriebe – alles im Leben hat ja seinen Preis. Auf jeden Fall können auch die Kochtopftiere erst einmal unbeschwert in ihren Becken paddeln. Die Kleineren müssen sich von den Besucher/innen anfassen und in den Arm nehmen lassen. Wer nicht im Topf landet, hat gute Chancen im Meer ausgesetzt zu werden, wo grüne Meeresschildkröten heutzutage nicht mehr gejagt werden dürfen.

Im Laufe der Jahre ist aus der Schildkrötenfarm ein kleiner **Themenpark** geworden. Durch eine dicke Scheibe hindurch können Sie imposante Fische in ihrem Pool beobachten. Als ich dort war, schwamm der schlanke Barrakuda fleißig hin und her, während der faule Hai tief und fest auf dem Beckenboden schlief. In der Volière flogen mir bunte Papageien um die Ohren. Ein Naturpfad führt durch Mangroven und durch einen Rest von karibischem Tropenwald, wie es ihn früher einmal auf der ganzen Insel gab. Kinder (und Erwachsene) können in der Lagune schwimmen. Alles in allem eine ansprechende Anlage mit einem stolzen Eintrittspreis von 45 US$.

Im **Dolphin Discovery** direkt neben der Turtle Farm werden Hautnah-Rendezvous mit Flipper angeboten. Man kann mit den Delfinen zusammen schwimmen, auf ihnen reiten, sich durch die Luft wirbeln lassen, mit ihnen schmusen und Küsschen geben. Was die als intelligent geltenden Tiere davon halten, ist dem Autor indes nicht bekannt. Das Ganze ist – genau wie die Prostitution unter Menschen – kein ganz billiger Spaß: je nach Programm 100 – 170 US$, der Besuch der Turtle Farm nebenan ist im Preis inbegriffen.

Pause gefällig nach so vielen Attraktionen? Im **Macabuca Bar & Grill** sitzt man an rustikalen Tischen auf einer über die Felsküste gebauten Holzterrasse. Es gibt leckere Sandwiches, Fish and Chips und anderes Gutes aus der schnellen Küche. Der Ketchup ist im Macabuca übrigens nicht in roten, sondern in den gelben Flaschen.

Blauer Leguan

Inselrundfahrt

Highlight:

Die **blauen Leguane** sind einmalig auf der Welt. Es gibt sie nur auf Grand Cayman, sonst nirgendwo. Es lohnt sich also, den seltenen, bis zu ein Meter fünfzig langen Drachen einen Besuch abzustatten. Sie wohnen im Inneren der Insel im **Queen Elizabeth II. Botanic Park** nicht weit von dem Ort Frank Sound. Etliche von ihnen laufen in der schönen Parkanlage frei und ungezwungen zwischen den Besucher/innen umher. Die jüngeren haben Grau als Grundfarbe und sind nur an der Nasenspitze blau. Die Älteren präsentieren sich in einem glänzenden Türkisblau und sehen aus, als seien sie gerade aus der Augsburger Puppenkiste gesprungen. Wenn sie in der Sonne liegen, wird das Blau ihres Schuppenkleides noch intensiver; wenn sie sich ärgern und kampfbereit sind, auch. Die blauen Leguane gibt es schon seit etwa zwei Millionen Jahren; sie sind doppelt so alt wie der berühmte Galápagos-Leguan. Und die ganzen zwei Millionen Jahre war auf Grand Cayman nicht viel passiert – viele, viele eintönige Leguan-Jahre, in denen ein Tag war wie der andere. Die friedlichen Drachen schoben eine ruhige Kugel und brauchten sich keine Sorgen zu machen – bis ihnen der Homo Sapiens mit seiner modernen Welt auf den Pelz rückte. Der Mensch brachte Unruhe ins Inselparadies – und den blauen Leguan schwer in Bedrängnis. Ende der 1990er Jahre waren die putzigen Kerlchen fast ausgerottet; es soll nur noch weniger als 25 frei lebende Drachen gegeben haben. Gott sei Dank sind nicht alle Menschen gleich rücksichtslos. Der englische Wissenschaftler Fred Burton war fasziniert von den quietschblauen Leguanen mit den roten Augen. Er rief ein Aufzuchtprogramm ins Leben und gründete den Queen Elizabeth II. Botanic Park, in dem die blauen Leguane nun ein sicheres Refugium gefunden haben. Die Population hat sich wieder berappelt; zuletzt wurden neunhundert gezählt.

Tipps:

Die **South Sound Street** führt im Süden von George Town am Grand Old House und der malerischen Smith Cove Bucht vorbei bis zu dem Dorf Prospekt. An der Uferstraße stehen eine ganze Reihe von prächtigen Villen. An einigen Stellen hat man einen herrlichen Blick

Küste bei East End

über das karibische Meer. Es lohnt sich, die South Sound Street gemütlich mit dem Fahrrad entlang zu fahren und das feine Panorama auf sich wirken zu lassen.

Eine **Rundfahrt** mit dem Auto weiter in den Osten bis ans Ende der Insel und dann auf der Nordseite nach Rumpoint

Blowhole

ist eine Reise in die völlig relaxte, verschlafene Karibik der alten Zeiten, Naturschönheiten inbegriffen.

Am Ortsausgang von Savannah geht es rechts ab zum **Pedro St. James Castle**, dem ersten aus Steinen und Edelhölzern errichteten Haus der Insel. Der gut erhaltene, alte Kasten wurde 1780 gebaut und steht in einem herrlichen Garten auf einer Steilküste direkt am Meer. Er beherbergt ein kleines Museum zur Inselgeschichte.

Hinter der früheren Inselhauptstadt Bodden Town wird es ganz beschaulich. Schon seit 1966 gibt es das Traditionslokal **„The Lighthouse at Breakers"** in einem fotogenen Gugelhupf-Leuchtturm. Das kuschelige Restaurant hat eine weit übers Meer gebaute Terrasse. Exquisite italienische Küche und Spezialitäten aus dem Meer.

Auf der See View Road kurz hinter der Abzweigung zur Health City Cayman verbergen sich in der Kalkstein-Küste spektakuläre **„Blowholes"**. Je nach Strömung, Wind und Wasserstand wird kräftig einer geblasen. Dann spritzt das Wasser durch die Blaselöcher im Gestein hoch in den Himmel, lässt eine gewaltige Gischtwolke aufsteigen und wieder in sich zusammenbrechen. Der eindrucksvolle Ort ist ausgeschildert. Ich halte die Daumen, dass Sie nicht gerade bei Ebbe oder Windstille dort vorbeikommen.

In dem Örtchen **East End** sind wir dann endgültig in der entspann-

Denkmal „Wreck of the ten Sails"

ten, verpennten Welt der Karibik, wie sie einmal war: Puppenstuben-Häuser aus pastellfarben angepinselten Brettern und schlichte Kirchlein mit putzigen Türmchen. Die Hunde dösen, und die Menschen bewegen sich, als ob es keine Uhren gäbe.

Gleich hinter East End ist die Gedenkstätte **„Wreck of the ten Sails"**. Sie gehen über einen kleinen Weg zur Küste, schauen auf ein im weiten Meer liegendes Korallenriff. Hier sind 1794 gleich zehn britische Handelsschiffe hintereinander auf Grund gelaufen. Der Kapitän des ersten Schiffes hatte in einem schweren Sturm einen Kanonenschuss abgefeuert, um die folgenden Schiffe vor dem Riff zu warnen. Doch, oh Schreck oh Graus, der Schuss wurde missverstanden als ein Signal an die Flotte, dem havarierenden Schiff zu folgen. Und passiert war es. Doch es gab ein Happy End. Die hilfsbereite Inselbevölkerung konnte alle Schiffbrüchigen retten. Zum Dank soll König George die Insel für alle Ewigkeiten von Steuern befreit haben. Auch in jüngerer Zeit war das Riff nicht ganz ohne. 1962 scheiterte der Frachter **Ridgefield** an der Untiefe. Das Schiff hatte Bier geladen – schade drum. Jahrelang lag das 150 Meter lange Wrack als cooles Fotomotiv gut sichtbar auf dem Riff;

erst Hurricane Ivan vollendete im Jahre 2004 die Seebestattung. Heute ragen nur noch ein paar unspektakuläre, verrostete Teile aus dem Wasser. Der ziemlich ramponierte Rest ist den forschenden Unterwasser-Blicken von Schnorchlern und Tauchern vorbehalten. 1964 erlitt der liberianische Frachter **Rimandi Mibaju** das selbe Schicksal und verschwand sogleich vollständig im Meer. Seine mächtige Schiffsschraube liegt am Eingang der Gedenkstätte. Gegenüber der Gedenkstätte ist ein sympathischer, bunter Andenkenladen.

Das **Restaurant Tukka** ein Stück weiter die Küstenstraße entlang hat eine kleine Dokumentation mit Texten und Fotos der am Riff geschehenen Havarien. Und wer mehr über die im Laufe der Geschichte gestrandeten Schiffe erfahren möchte, frage das kenntnisreiche Stammpersonal. Von der Terrasse hat man einen schönen Blick auf das Wreck of the ten Sails-Riff. Serviert wird eine karibisch-australische Fusionsküche – mal etwas anderes.

Wer ein paar Tage in dieser völlig entspannten Welt von East End bleiben möchte und tauchen, tauchen, tauchen will, ist im **Compass Point Dive Resort** gut aufgehoben. Kurz hinter East End mit dem gelben U-Boot vor der Tür (Doppelzimmer zwischen 200 und 300 US$).

Weiter die Ost- und dann die Nordküste entlang geht es an dem **malerischen Colliers Beach** und Hotelanlagen vorbei in eine einsame Welt: rechts das Meer und links der niedrige Inselwald, hier und da ein Haus oder eine Villa und immer wieder Schilder „Grundstücke zu verkaufen". An der Old Robin Road kurz vor der Abzweigung nach Frank

Colliers Beach

Sound sitzt plötzlich ein riesiger Beton-Leguan am Straßenrand und betrachtet aufmerksam den Verkehr, eine Figur wie geschaffen für ein Urlaubsfoto mit einem selbst davor. Er gehört zu **Davinoff's Concrete Sculpture Garden**, einer originelle Anlage mit einer Reihe von Skulpturen einheimischer, nicht ausnahms-

Davinoff's Concrete Sculpture Garden

los schöner Tiere wie Krokodil, Schlange, Skorpion und ein beängstigend vergrößerter Krebs; auch eine Cayman-Buschratte, ein Inselkaninchen und eine Nixe sind dabei. Der Eintritt ist frei.

Etwas für Wandervögel und Naturliebhaber/innen, die sich nicht mit Schnorchel oder Flasche unter Wasser begeben möchten: der **Mastic Trail**, ein schöner, etwa 2,5 Kilometer langer Weg durch die flache Insellandschaft mit ihren typischen Vegetationszonen und Pflanzen. Sie können tropischen Trockenwald und Mangroven betrachten. Auch der Nationalbaum, die Silberpalme ist dabei – nicht enttäuscht sein, es ist ein relativ kleiner Baum, bei weitem nicht kräftig und hoch wie die klassischen Kokospalmen. Bisweilen lassen sich bunte Piepmätze und grüne Echsen blicken. Mit einem Führer entdeckt und erfährt man mehr. Die Führungen werden vom National Trust in George Town (South Church Street 558A, ziemlich weit außerhalb beim Grand Old House) angeboten. Der Mastic Trail führt von der North Side Road zu der Ortschaft Frank Sound; es ist kein Rundweg!

Ein Sandstrand, eine Karibik-Bar unter Pinien, in die Hängematte und eine Piña Colada schlürfen, einfach mal relaxen – das ist **Rum Point** am westlichen Ende der nördlichen Küstenstraße. Stecken Sie die Uhr weg! Zu Essen gibt es in der Wreck Bar & Restaurant auch. Ende des 19. Jahrhunderts soll genau hier ein voll mit Rumfässern beladenes Schiff havariert sein. Die Einheimischen konnten die Fässer bergen und hatten gefühlte hundert Jahre frei Saufen. Ein Stück

Abhängen am Rum Point

weiter, vorbei am Kaibo Bar & Grill liegt der Starfish Point, das Seestern Ufer. Beim Zugang vom Parkplatz steht ein Schild „Privateigentum – Durchgang verboten"; ignorieren Sie es. Der Hinweis ist höchstwahrscheinlich ein Irrtum oder nicht zulässig. Denn in den offiziellen Inselbroschüren steht der **Starfish Point** auch. Die weit in die North Sound Bucht hineinragende Landzunge ist sehr malerisch. Für Schnorchler und Taucher gibt es in der Bucht tatsächlich noch Seesterne.

Kurioses auf Grand Cayman

Überall auf der Insel laufen **freie Hühner** herum, sogar vor der Filiale von Kentucky Fried Chicken in George Town. Die Fastfood-Kette

sagt schließlich in ihrer Werbung: „We do chicken right" – trotzdem mutig. Bis vor zehn Jahren lebten nur wenige Hühner auf Grand Cayman, eingesperrt in ein paar Hühnerfarmen. Doch im September 2004 suchte der schreckliche Hurricane Ivan die Inseln heim. Es gab gewaltige Zerstörungen. Doch was des einen Leid, das kann des anderen großer Tag werden. Auch die Hühnerfarmen gingen zu Bruch. Das Federvieh büchste aus und vermehrt sich seitdem fröhlich weiter. Für die Menschen war der 12. September 2004 ein furchtbarer Tag. Die Hühner können ihn als Chicken Independence Day feiern.

Auf der South Sound Street kurz vor der Ortschaft Prospekt haben die Leute sich einen Spaß daraus gemacht, einen großen Baum am Ufer über und über mit angeschwemmten und ausgedienten Badelatschen zuzupflastern. Wenn es Weihnachtsbäume gibt, warum soll es nicht auch einen **Badelatschenbaum** geben.

In einer total spießigen Gegend bei West Bay, da wo eigentlich nur noch karibische Gartenzwerge in den Vorgärten fehlen, ausgerechnet dort liegt der Eingang zur Hölle – **Hell**. Es sind schwarz gezackte Sandsteinformationen, die tatsächlich ein kleines bisschen an die

Unwirtlichkeit der Unter-
welt erinnern. Davor steht
ein altes Postamt, das heute
einen schrägen Andenken-
laden beherbergt. Der Inha-
ber verkleidet sich bisweilen als Teufel mit Brille. Das
Ganze wird oft als Touris-
tenfalle bezeichnet. Dabei
kann man von hier bunte
Ansichtskarten aus der Hölle
verschicken, originelle Fotos
schießen, und die kitschi-
gen Souvenirs braucht man
ja nur dann zu kaufen, wenn
sie einem gefallen.

Bei einer Reise über die Insel werden Sie ständig an **Friedhöfen**
vorbeikommen. Trotz der hohen Grundstückspreise scheint man die Toten
sehr in Ehren zu halten und ihnen lange Liegezeiten einzuräumen.

Tea Time in der eleganten Silver Palm Lounge im **Ritz Carlton** am
Seven Mile Beach. Zwischen 14.00 und 16.00 Uhr lebt für zwei Stunden
das britische Empire. Edle Dielen, holzverkleidete Wände, schwere Leuch-
ter, schwere Möbel, sogar eine Chaiselongue. Einziger Stilbruch: über der
gediegenen Bar flimmert ein stummer Fernseher. Ansonsten vornehmer
Service wie in der guten alten Zeit, exquisite Gourmet Sandwiches, feines
Gepäck und feinster, englischer Tee in bauchigen Kannen. Man muss sich
einen Tag vorher anmelden, damit dieser traditionelle britische Nach-
mittags-Tee auch serviert werden kann. Oder man bestellt einfach etwas
anderes, nicht so Originelles von der Karte und genießt das Ambiente.
Die edle Lounge ist übrigens nach dem Nationalbaum der Cayman
Islands, der Silberpalme benannt.

Der **Stingray-Brunnen** vor der Bayshore Mall an der Uferstraße in
George Town hat den bei den Touristen so beliebten Stachelrochen ein

Denkmal gesetzt. Wer vor dem Brunnen steht und die Tiere nicht kennt, denkt bestimmt, es sei eine – nachts rot angestrahlte – fliegende Untertasse.

Wem es zu warm in den Tropen ist, gehe in George Town in die **Ice-Bar**, hier werden die Drinks bei minus 5 Grad serviert (104 Harbour Drive, Ecke Fort Street).

Stingray-Brunnen an der Uferstraße in George Town

2. Schlaglicht
Schnorcheln und Tauchen auf Grand Cayman

Auch den Fischen gefällt das Kittiwake Wrack

Highlight:

Eine Nummer für sich ist die Anfang 2011 vor dem Seven Mile Beach versenkte **Kittiwake**. Das Wrack ist einfach grandios. Ich empfehle, sich zu diesem auch für Schnorchler super geeigneten Platz von einem Tauchveranstalter hin schippern zu lassen. Denn die Kitti-

unten: Kittiwake Wrack   oben: Der Autor unter Wasser; Barrakuda; Green Sea Turtle

wake liegt ein ganzes Stück vom Ufer weg. So mancher, der auf eigene Faust dort hin geschwommen ist, hat viel Salzwasser geschluckt und
musste hinterher gerettet werden – peinlich, peinlich. Die Kittiwake ist
ein etwa 80 Meter langes, ehemaliges Versorgungsschiff der US-
Marine für U-Boote und Kampftaucher; 1944 gebaut und bis 1994 im
Dienst. Das immer noch fast unversehrte Schiff liegt kerzengerade auf.
Seine höchsten Aufbauten sind nur etwa drei Meter unter Wasser. Und
weil unter Wasser alles größer und näher aussieht, als es wirklich ist,
hat man das Gefühl, das riesige Schiff schon von der Oberfläche aus
anfassen zu können. Einfach irre. Bunte Fische tummeln sich um das
Wrack herum. Sie kommen aus den Luken und Öffnungen hervor und
verschwinden wieder darin. Manchmal sind es ganze Schwärme.
Immer wieder treten Luftblasen aus dem Schiff hervor; denn die Kittiwake ist mit ihren fünf Decks auch ein ideales Ziel für Gerätetaucher,
die das Innere erkunden. Bei youtube gibt es ein sehenswertes Video,
auf dem dokumentiert ist, wie die 2200 Tonnen schwere Kittiwake
2011 versenkt wurde.

Tipps:

Wrack-Schnorcheln für Anfänger: Gleich beim Restaurant Casanova an der North Church Street in George Town liegt keine 100 Meter
vom Ufer ein ziemlich großer Schoner auf Grund, **the Wreck of the
Cali**. Wer gerade keine Taucherbrille und keine Flossen dabei hat –
auch kein Problem. Neben dem Restaurant gibt es einen Taucherladen,
wo man sich die Sachen mieten kann. Vom Anlegesteg des Ladens
schwimmt man zu einer kleinen Plattform, um die herum sich gerne
große Tarpune tummeln. Trotz der Nähe des Hafens ist das Wasser so
klar, das man die Reste des in nur etwa vier Metern Tiefe liegenden
Schiffes sofort sieht. Es hat sich über die Jahre allerdings so zerlegt,
dass das Ganze mittlerweile an einen Schiffsbaukasten erinnert, bei
dem längst nicht mehr alle Teile zusammenpassen.

Knapp 200 Meter vom Hauptpier George Towns entfernt liegt
noch so ein Unterwasser-Ersatzteillager. Es sind die Reste des zu Lebzei-

ten über 100 Meter langen Frachters **Balboa**, den es während des schweren Hurricanes im Jahre 1932 erwischt hat. Die Teile liegen in etwa 10 Metern Tiefe.

Das **Cheeseburger-Riff** ist eine zerklüftete Unterwasserlandschaft mit einigen Korallen und vielen, farbenprächtigen Fischen. Wie ein Cheeseburger sieht das Riff gar nicht aus. Es heißt nur so, weil es direkt vor der Burger King Filiale auf der North Church Street ist (etwa 100 Meter vom Ufer, dort wo einige Boote liegen und ein paar Bojen aus dem Wasser ragen). Ideal zum Schnorcheln.

Gern geschnorchelt habe ich auch am Seven Mile Beach direkt vor dem **Hotel Marriott**. Es gibt ein kleines, natürliches Riff und außerdem ein künstliches aus großen, durchlöcherten Metallkugeln. Und ausgerechnet hier im seichten Badewasser kam plötzlich ein Stachelrochen vorbei und hat mir einen Schreck eingejagt – es war ja keiner von den zahmen aus der Stingray City. Doch getan hat auch er nichts.

Vor der South Church Street auf der Höhe vom Paradiese Restaurant und dem Eden Rock Diving Center gibt es gleich zwei Tauchgründe, die für Schnorchler und Taucher gleichermaßen spannend sind: **Eden Rock** und **Devil's Grotto**. Bei beiden haben die Korallen zerklüfte Labyrinthe, Höhlen und Tunnel gebildet. Sie liegen direkt vor der Küste in einer Tiefe von drei bis etwa 15 Metern.

Vor der Tauchschule DiveTech am Lighthouse Point in West Bay wurde im April 2014 der **Guardian of the Reef** versenkt – halb bärtiger Krieger, halb Seepferd. Die imposante Statue misst stattliche sechs Meter und steht nur etwa 50 Meter vom Ufer entfernt. Trotzdem ist sie nur etwas für Gerätetaucher; denn der Wächter des Meeres steht in etwa 20 Meter Tiefe.

Dies sind nur einige Beispiele; insgesamt gibt es bei Grand Cayman etwa **240 Tauchplätze**, die es zu erkunden gilt.

Wer die Unterwasserwelt sehen möchte, ohne nass zu werden, nehme das am Anfang der South Church Street im Hafen von George Town liegende Touristen-U-Boot **Atlantis**, wahlweise für einen Trip am Tage oder für eine Tauchfahrt in der Nacht (ca. 90 US$ für 45 Minuten).

Tauchschulen und Wasser-Tour-Anbieter gibt es auf Grand Cayman beinahe wie Sand am Meer. Gute Erfahrungen gemacht habe ich mit Red Sails Sports, ein etwas größer angelegtes Unternehmen mit fünf Shops am Seven Mile Beach und weiteren Läden in George Town, Rum Point und East End. Sehr gut und großer Spezialist für das großartige Kittiwake-Wrack ist DiveTech am Lighthouse Point in West Bay. Schon 25 Jahre dabei, sehr familiär und sympathisch sind Ambassador Divers beim Comfort Suites Resort am Seven Mile Beach.

Schnorcheln vor dem Marriott Hotel

3. Schlaglicht
Die Piraten, die Firma und die Banken

Das Ugland House in George Town, Unternehmenssitz von 18.000 Firmen

Die Cayman Islands gelten als **Prateninseln**. Die bekanntesten unter den Freibeutern waren Blackbeard (1680 bis 1718) und Lehman Brothers (bis 2008).

Inselhistoriker sagen, dass schon im Jahre 1587 der berühmte Weltumsegler und Freibeuter **Sir Francis Drake** den Cayman Islands einen Besuch abgestattet habe. Doch vor allem im 17. und Anfang des 18. Jahrhunderts waren die Inseln ein äußerst beliebter Stützpunkt für Seeräuber mit und ohne Kaperbrief. Denn die Inselgruppe lag direkt an der Atlantik-Route der mit viel Gold und Silber beladenen, spanischen Galeonen. Außerdem lebten nicht sehr viele Leute dort, weit ab von jeglicher Regierung; doch frisches Wasser und Schildkröten zum Essen waren reichlich vorhanden. Auf Cayman Brac gibt es noch dazu Dutzende von Höhlen, wie gemacht um die Beute zu verstecken. Es heißt, dass der von der britischen Regierung in den Adelsstand erhobene Freibeuter **Sir Henry Morgan** die Cayman Islands besucht hat, genau wie der vermutlich geisteskranke Pirat Edward Low sowie Captain Lowther, ein recht erfolgreicher Seeräuber, der schließlich auf einer anderen Karibik-Insel Selbstmord beging.

Besonders häufiger Gast war der ebenso legendäre wie gefürchtete **Blackbeard**, mit bürgerlichem Namen Edward Thatch oder Edward Teach, je nach Quelle. Auf seiner Flagge waren ein gehörntes Skelett und ein verblutendes Herz. Der berüchtigte Seeräuber sah mit seinem schweren, arg verfilzten Bart aus wie ein Bison auf Rastafari-Trip. Er lief ständig mit mehreren Pistolen und Schwertern durch die Gegend. Durch seinen martialischen Auftritt wurde Blackbeard zum Inbegriff des furchterregenden Piraten – und zur Vorlage für Karnevalskostüme. Im Jahr 1718 war dann Schluss mit lustig. Die britische Marine brachte sein Schiff auf und tötete ihn. Mit Blackbeard endete zugleich das goldene Zeitalter der Piraterie in der Karibik.

Im Jahr 1966 erließ die Cayman-Regierung „The Banks and Trust Companies Law" ein wirtschaftsliberales Gesetzeswerk, das die Grundlage für das heutige **Steuerparadies** schuf. Aus den Cayman Islands wurde im Laufe der Jahre ein gigantischer, elektronischer Geldspeicher, das fünftgrößte **Finanzzentrum** der Welt. Im Jahre 1997 eröffnete der Cayman Islands Stock Exchange, eine eigene Börse im Eigentum der Regierung. Es gibt mehr als 500 niedergelassene Banken in dem kleinen Inselstaat. Kaum eine von ihnen hat einen Schalter.

Etwa 40% aller Hedgefonds sind auf Cayman zu Hause. Insgesamt gibt es **200.000 eingetragene Firmen**, mehr als dreimal so viele wie Einwohner. Die meisten dieser Unternehmen beschäftigen sich mit der Hege und Pflege von Geld. Es soll auf Cayman mehr Banken und Finanzfirmen pro Quadratkilometer geben als sonst irgendwo auf der Welt. Schon am Flughafen flimmert von den Bildschirmen bisweilen eine seriös daherkommende Reklame von Firmen, die „Wealth Management" oder „Asset Protection" anbieten. Tja, wer kein Geld hat, hat Probleme; doch wer viel Geld hat, hat eben auch Probleme und braucht Hilfe.

Banken, Hedgefonds und Finanzinstitute machen in Cayman auf **Understatement**. Keine protzigen Bürotürme und auch sonst keinen raushängen lassen. An unauffälligen Bürohäusern hängen dezente Schilder mit den Namen weltbekannter Banken und dem Normalverbraucher völlig unbekannter Trusts, Fonds und Finanzdienstleister. Das digitale Zeitalter macht es möglich, dass in einem Karibik-Kaff wie George Town Milliarden untergebracht werden können. Dagobert Duck hat modernisiert, sein Geld ist längst virtuell. Schlechte Karten für die Panzerknacker; ein richtiger Geldspeicher ist auf den Cayman Islands nirgends zu entdecken.

Auf der South Church Street 121, gegenüber dem Paradise Restaurant steht das **Ugland House**. Es ist nach Andreas Ugland benannt, einem schwerreichen, norwegischen Reeder, der seit Jahren auf den Cayman Islands wohnt und wirkt. Das Ugland House hat nur einen Bewohner, die Anwaltsfirma Maples and Calder, aber etwa 18.000 Firmen, die dort registriert sind. Briefkastenfirmen können das eigentlich nicht sein. Denn so viele Briefkästen passen in ein vierstöckiges Gebäude nicht hinein. US-Präsident Obama kommentierte: „Entweder ist es das größte Gebäude der Welt oder der größte Steuerschwindel".

Ein schlechtes Gewissen in Finanzdingen hat man auf den Cayman Islands überhaupt nicht. Denn angeblich gibt es eine **unbefristete Steuerbefreiung** durch die britische Krone. Und das soll so gekommen sein: Im Jahre **1794** liefen bei einem Unwetter gleich zehn britische Handelsschiffe auf das Riff vor der Küste von East End und gingen unter. Im Angesicht dieser Katastrophe haben sich hilfsbereite und tatkräftige Insulaner so ins Zeug gelegt, dass alle Schiffbrüchigen gerettet wurden, unter ihnen ein Angehöriger des britischen Königshauses. Aus Dankbarkeit hat König George die Inseln daraufhin höchstpersönlich von sämtlichen Steuern und Abgaben befreit. Und da diese Steuerbefreiung nicht gestorben ist, lebt sie noch heute.

1991 erscheint der **Weltbestseller „Die Firma"** von John Grisham. Die angesehene Anwaltskanzlei Bendini, Lambert & Locke aus Memphis betreibt auf den Cayman Islands Geldwäsche für die Mafia. Seriöseren Klienten hilft die Firma bei der Vermeidung von Steuern in dem tropischen Offshore-Paradies. Der junge Rechtsanwalt Mitch McDeere will eigentlich nur Karriere machen. Er heuert bei der glänzend bezahlenden Firma an und gerät zwischen die Fronten von Mafia und FBI. Der spannende Roman mit der brisanten Story wird 1993 mit

Understatement: Der Sitz der Deutschen Bank in George Town

Tom Cruise in der Hauptrolle verfilmt. Im Abspann des Thrillers bedanken sich die Produzenten bei der Regierung der Cayman Islands für die freundliche Drehgenehmigung und weisen ausdrücklich darauf hin, dass es auf den Kaiman-Inseln im wahren Leben strenge **Anti-Geldwäsche-Gesetze** gibt, die konsequent angewendet werden.

Doch oh Schreck, oh Graus, im Jahre 2008 veröffentlicht der ehemalige schweizer Banker Rudolf Elmer bei Wikileaks interne Unterlagen der Filiale des Bankhauses Julius Bär auf Grand Cayman. Der **Whistleblower** behauptet, dass es tatsächlich Leute gäbe, die ihr Geld auf den Cayman Islands verstecken und systematisch Steuern hinterziehen. Auch Drogenhändler und korrupte Politiker sollen ihre unehrenhaft erworbenen Gelder auf der schönen Insel sicher verwahren. Ob das alles stimmt? Darüber streiten Rudolf Elmer und Julius Bär noch heute vor verschiedenen Gerichten. Nachlesen kann man die Story in Elmers Enthüllungsbuch „Bankenterror". Das Ganze wurde unter dem originellen Titel „A Leak in Paradise" sogar verfilmt.

Die Cayman Islands fahren auf jeden Fall nicht so ganz schlecht mit der Finanzindustrie. Das Bruttoinlandsprodukt pro Kopf belief sich 2013 auf 59.000 US$; knapp 13.000 US$ mehr als in Deutschland. Beim **Schattenfinanzindex** 2015 des Internationalen Netzwerks Steuergerechtigkeit (Tax Justice Network) liegt Cayman hinter der Schweiz und Hong Kong, den USA und Singapur auf Platz 5 der schädlichsten Finanzzentren der Welt. Aber vielleicht ist das nicht gar so schlimm; denn man befindet sich ja in guter Gesellschaft: Deutschland liegt nur kurz dahinter auf Platz 8, zwischen dem Libanon und Bahrein. Bei der EU stehen die Cayman Islands auf der Liste der Länder mit einer nicht kooperativen Steuergesetzgebung. Der US-amerikanische Professor Jeffrey Sachs, der Vater der Millenniumziele der Vereinten Nationen hat die Inseln einmal als „Kartenhaus" und als „tödliche Gefahr für die Weltwirtschaft" bezeichnet. Naja, meinte die Karibik-Presse, der gute Professor von der Columbia University solle sich nicht so haben und lieber mal vor der eigenen Tür fegen. Schließlich sind die USA im Schattenfinanzindex mittlerweile an den Cayman Islands vorbeigezogen. In dem kleinen US-Bundesstaat Deleware gibt es ein Haus, in dem sage und schreibe 285.000 Firmen sitzen. Und immerhin wurden die Cayman Islands im November 2011 von der schwarzen Liste der Steueroasen der G 20 gestrichen, nachdem man einige Gesetze verschärft hatte. Keine schlechte Idee. Es ist ja eigentlich auch viel schöner, sein Geld auf den Inseln auszugeben statt es zu verstecken – finde ich jedenfalls.

Ja, und wie sehen denn nun die Leute aus, die ihr Geld in so einer Steueroase unterbringen? Nach vier Recherche-Reisen weiß ich es immer noch nicht. Ich habe vielmehr aus zuverlässiger Quelle erfahren, dass **Geldverstecker** und Steuervermeider sich auf den Inseln gar nicht blicken lassen. Sie meiden Cayman Islands wie der Teufel das Weihwasser, um bloß nicht mit dem Steuerparadies in Verbindung gebracht zu werden. Eigentlich können die modernen Piraten einem schon ein bisschen leid tun: Man versteckt sein Geld im Paradies und sperrt sich damit selber aus. Die Schlange aus der Bibel hätte ihre helle Freude an dieser Konstellation.

Andere, wohl betuchte Menschen gibt es auf Cayman Islands genug; doch so richtig aufgelackt wie in Miami Beach ist man im Allgemeinen nicht. In guter, alter, britischer Tradition ist Understatement angesagt: kein protziger Rolls Royce, kein röhrender Ferrari, lieber unscheinbar mit einem biederen Toyota durch die Gegend juckeln. **Nationalbaum** der Cayman Islands ist allerdings die Silberpalme (Silver Thatch Palm). Ihre silbrigen Fächerblätter waren früher ein begehrtes Handelsgut. Auch heute noch wird die Silberpalme gern „**Money Tree** – Baum des Geldes" genannt. Nomen est Omen.

4. Schlaglicht
Essen und Trinken wie Gott in der Karibik

Speisen im Paradies

Grand Cayman ist ein wahres **Paradies für Gourmets**! Hier gibt es die besten Restaurants in der ganzen Karibik. Im Vergleich zu Sterne-Lokalen in Europa oder den USA halten sich die Preise in Grenzen – in Grenzen, die natürlich deutlich über dem Jägerschnitzel-Bereich liegen. In einer der Top-Locations muss man für ein romantisches Dinner zu zweit mit einer anständigen Flasche Wein und einem standesgemäßen Digestiv schon 200 bis 250 US$ hinlegen. Was bei all den tollen Lokalen fehlt, das sind – mal abgesehen von Éric Ripert's Blue – französische Spitzen-Restaurants. Na ja, warum sollte man als Franzose auch englisch sprechen und auf der falschen Seite der Straße fahren, wo es ja auch Karibikinseln gibt, die zu Frankreich gehören. Dafür gibt es jede Menge Österreicher in der Cayman-Gastronomie; Lobster Pot, The Wharf und Morgan's gehören Wirten aus der Alpenrepublik; viele Kellner/innen auf der Insel sind Österreicher/innen.

In der soliden **Mittelklasse** hat Grand Cayman noch relativ wenig zu bieten; erst in letzter Zeit haben einige Lokale aufgemacht, die ganz bewusst in den günstigeren Bereich gehen. Auf diese habe ich in meinen Tipps ein besonderes Auge geworfen. Ansonsten ist man quasi zur Haute Cuisine verurteilt – oder zu Burger King und Konsorten.

Oder Sie nehmen die ganz einfache, bodenständige, karibische Küche. Sie wird in kleinen Buden, Imbisswagen und Garküchen irgendwo am Straßenrand serviert. Fast schon legendäre Beispiele dieser **„Shack Style Eateries"** sind Seymour's Jerk Centre (umgezogen zur North Church Street beim Cabana Restaurant) in George Town und Heritage Kitchen auf der Boggy Sand Road in West Bay. Man entdeckt die coolen Cayman-Freßbuden auch, wenn man über Land fährt, besonders viele in der Nähe von Bodden Town. Oder fragen Sie einfach einen Taxifahrer; die können Ihnen garantiert weiterhelfen. Denn so isst der/die ganz normale Cayman-Insulaner/in.

Verhungern muss man auf keinen Fall; allein Grand Cayman hat mehr als 150 Restaurants. Einen tollen Überblick gibt der **Restaurantführer Good Taste**, in dem sogar die Speisekarten gleich mit abgedruckt sind. Da läuft einem schon beim Lesen das Wasser im Mund zusammen. Good Taste liegt in den Touristenbüros und in vielen Gaststätten oder Hotels aus; auch im Internet unter: *www.caymangoodtaste.com*

Highlights:

Bei allen meinen vier Reisen nach Cayman immer wieder ausprobiert; es ist und bleibt meine Nummer 1: das **Grand Old House**, das ehrwürdige Haus liegt etwas südlich von George Town. Es ist ganz aus Holz; mit seiner typischen Südstaaten-Karibik-Architektur versprüht es „Vom Winde verweht"-Charme. Das Essen, die Weine, die Bedienung

und nicht zuletzt das Publikum sind reif für die Zeitschrift Gala. In der Langusten-Saison von Dezember bis Mai wird zum Auftakt ein wahrhaft prächtiges Exemplar auf einer Silberschale am Tisch präsentiert – fast zu schade, um es zu verspeisen. Die Brandung plätschert unter der Terrasse sanft ans Ufer, durch das seichte Meer gleiten schlanke Tarpun-Fische mit geheimnisvoll blinkenden Augen, und am Firmament lächelt der Mond. Da muss ich einfach fünf Herzen fürs Romantik-Ambiente vergeben. Bleiben Sie nach dem Dinner ruhig noch ein bisschen länger. Barmann Antonio liest Ihnen Ihre Tropical-Cocktail-Wünsche von den Augen ab. Dann greift er hinter sich in seine glitzernde Bar mit an die 200 verschiedenen Flaschen, die für seine Kompositionen bereit stehen. Sie können auch einen Digestiv aus der Armaniac-Sammlung des Hauses ordern. Der älteste ist aus dem Jahre 1888. Das Grand Old House hat davon nur noch drei Flaschen. Deshalb werden für ein Glas auch 350 US$ in Rechnung gestellt. Kenner meinen, der 1908er für 280 US$ sei besser. Etwas gängigere Spirituosen haben im Grand Old House durchaus zivile Preise.

Das **Casanova Restaurant** in George Town an der Küstenstraße zum Seven Mile Beach ist einer jener ewigen Italiener, der länger da ist, als manche zurück denken können. Solche traditionellen Lokale sind oft die Besten, und so ist es auch beim Casonova. Klassische, italienische Küche, perfekt zubereitet – bei den Penne al Aragosta tunkt man die Soße bis auf den letzten Rest mit dem Brot auf, so lecker ist sie. Dazu ein herrlicher Blick übers Meer. Für Cayman-Verhältnisse preisgünstig.

The Wharf bedeutet soviel wie Hafen und ist einer der Cayman-Islands-Klassiker. Wunderschön am Meer gelegen, kurz vor dem Seven Mile Beach; solide Küche und eine riesige Weinkarte. Der Service schwankt zwischen professioneller Effizienz an den schwächeren Tagen und fast liebevoller Fürsorge an richtig guten Tagen. Manchmal tritt sogar ein Sommelier auf den Plan. Das Lokal gehört einem Österreicher; auch etliche der Kellner/innen kommen aus der Alpenrepublik. Vor den Klip-

pen unter der romantischen Terrasse des Restaurants kreuzen die silbrig glänzenden Tarpun-Fische; und um 21.00 Uhr geht es zur Sache: Die gierigen Tarpune werden gefüttert – und zwar mit Fisch. Fische fressen Fische; als Homo Sapiens würde ich so etwas Kannibalismus nennen – auf jeden Fall ein herrliches Spektakel. Am Wochenende gibt es nach der Fisch-Show Disko oder Live Musik.

Manche sagen, das **Pappagallo** in Westend sei das beste Restaurant auf Grand Cayman. Sie könnten Recht haben. Die Lobster Ravioli waren so ein Gedicht, dass ich bestimmt jedes Mal mit Sehnsucht daran zurückdenken werde, wenn ich mal wieder bei Edeka vor einer Dose Ravioli stehe und sie dann selbstverständlich nicht kaufe. Das Ristorante Pappagallo liegt ziemlich weit vom Schuss; ein Taxi vom Seven Mile Beach dorthin kostet um die 30 US$ – gönnen Sie sich das. Am Eingang wird man übrigens standesgemäß von einem Papagei begrüßt.

Tipps:

Lobster Pot am nördlichen Ortsausgang von George Town ist das Traditionslokal auf Grand Cayman schlechthin. Es gibt den „Langusten-Topf" schon seit 1965. Der Blick über die Bucht (mit Sonnenuntergang) ist umwerfend, das Essen auch. Der Wirt kommt aus Österreich und hat spritzigen Grünen Veltliner auf der Weinkarte – passt perfekt zur Hausspezialität, einer Languste Cayman Style.

Das zum Hotel Marriott gehörende Restaurant **Veranda** macht seinem Namen alle Ehre. Sie sitzen etwas erhöht direkt über dem traumhaften Seven Mile Beach; eine kaum zu toppende Location. Die neue Karte kam mir etwas übersichtlich vor; das Ganze ist anscheinend hauptsächlich für Hotelgäste gedacht. Sei's drum; bestellen Sie sich einfach ein Gläschen Champagner und schauen aufs Meer. Dann summen Sie ganz leise den Lindenberg-Song „Ach wie gerne wäre ich im Club der Millionäre".

Im **Coconut Joe's**, auf der anderen Straßenseite vom Marriott gibt

es ein gutes und preisgünstiges Frühstück, lauschig unter einem riesigen Baum. Mittags und abends dann Fish and Chips, Burgers und Co. Coconut Jo's ist auch kein schlechter Ort, um den Tropentag bei ein paar Cuba Libres ausklingen zu lassen. Für Unterhaltung ist zumeist gesorgt; an der Bar hängen oft originelle Typen herum, mit denen man gut alkoholisiert quatschen kann – und nebenbei so manches Schräge über die Insel erfährt.

Das **Pepper's**, schräg gegenüber vom Hotel Marriott am Seven Mile Beach, ist eins der wenigen guten Restaurants der Mittelklasse. Ein richtig gemütliches Gartenlokal mit Fleisch, Wurst oder Fisch vom Grill, zubereitet mit Jerk, einer scharfen, einheimischen Marinade. Es gibt auch noch ein paar andere Sachen: Hamburger, Wraps oder Suppe. Alles lecker, aufmerksamer Service.

Am hübschen Pool der Comfort-Suites am Seven Mile Beach ist ein geniales Lokal: **Stinger's Bar**. Gutes Essen, guter Service und günstige Preise. Als Spezialangebot gibt es öfters einmal ein leckeres Steak mit Pommes Frites für 12,50 US$ – da kann man nicht meckern.

Auch das **Restaurant des Royal Palms Beach Club** hält sich mit den Preisen angenehm zurück und steht noch dazu direkt am Seven Mile Beach – gute internationale Küche und ein Traumblick.

Das **Blue Cilantro** an der Straße hinter dem Seven Mile Beach ist ein Avantgarde-Restaurant, das sehr empfohlen wird. Der hypermoderne Gastraum ist in psychedelisches Licht getaucht. Es war eine laue Tropennacht, und das Blue Cilantro interessierte mich. Dennoch bin ich nicht hineingegangen. Das eisblaue Licht und der Gedanke an eine sicher effektive Klimaanlage ließen mich frösteln.

Sehr schick und qualitativ in der ersten Liga: **Luca**, ein Karibik-Italiener etwas zurückversetzt am Seven Mile Beach. Das Geheimnis von Chefkoch Federico Destro: nur absolut frische Zutaten, keine komplizierten Rezepte und so viel wie möglich hausgemacht.

Das **Deckers**, direkt gegenüber den Grand Cayman Beach Suites

heißt wohl so, weil man aus den Karosserieteilen eines uralten, englischen Doppeldeckerbusses die Bar gebastelt hat. Zwei nahezu antike Telefonzellen aus dem Vereinigten Königreich gibt es auch – alles very british; doch der Chefkoch kann mit französischen oder italienischen Meistern mithalten. Über dem ganzen sorgt der größte Ventilator, den ich jemals in einem Lokal gesehen habe, mit seinen riesenhaften Flügeln für ausreichende Frische beim Tropendinner. Kurzum, eine exzellente Adresse.

Ausgezeichnet gegessen haben wir auch im **Beach House** beim Hotel Westin am Seven Mile Beach. Gourmet-mäßig war der schicke Laden gut drauf. Nur der Service war etwas schlaff. Erst als der Feierabend nahte, wurde der Kellner beflissener und leicht autoritär – ich musste unwillkürlich an den klassischen Köbes in einem Kölner Brauhaus denken. Das Beach House ist stolz darauf, eine der größten Weinkarten der Insel zu haben, wahrhaft eine Enzyklopädie der edlen Tropfen. Da sind Flaschen zum Preis von 1000 US$ keine Seltenheit; doch wer die Liste aufmerksam studiert, findet schon einen guten Wein für 50 US$.

Das renommierteste Restaurant auf den Cayman Islands ist **Éric Ripert's Blue** im Ritz Carlton am Seven Mile Beach. Es ist ein Ableger des legendären Le Bernardin in New York, mit dem der auf Fisch und

Meeresfrüchte spezialisierte französische Küchenchef sich drei Michelin Sterne erkochte.

Auch das **Ortanique** – Cuisine of the Sun – mit Tischen direkt an der Camana Bay-Lagune hat uns wahrhaft kulinarische Erlebnisse beschert. Das Ganze ist ein bisschen überkandidelt. Doch unterm Strich ist es selbst für Familien mit Hund geeignet. Bestellen Sie „Pan roasted Niman Ranch Porterhouse" – eine Gourmet-Kreation für Frauchen oder Herrchen mit einem herrlichen Knochen für den Vierbeiner.

Das **Karoo** ist eine schöne American-Style-Bar mit Blick auf die größeren Wasserspiele des Camana Bay Viertels. Es gibt Burger, Spieße, Tapas, Pizza, Tacos, alles ansprechend präsentiert und lecker. Besonders interessant fand ich einen Teller mit sechs Austern, die auf drei verschiedene Arten zubereitet waren: auf Eis, mariniert und überbacken.

Ungefähr auf Mitte der zentralen Market Street der Camana Bay Anlage wartet ein cooles Bar-Restaurant im Miami-Stil auf seine Gäste: **Abacus**. Schwarze Designerstühle und weiße Tischdecken, smarter Service. Auf der Karte steht so einiges Gute, auch ein Edel-Burger, natürlich vom Angus Rind. Kombiniert mit einem Rosé aus Südfrankreich in einem nach Kristall klingenden Glas, besteht wirklich kein Grund mehr, auf Grand Cayman zu McDonalds zu gehen – außer vielleicht der Preis.

Cayman Islands einmal rustikal. Im **Morgan's** am (noch nicht ganz fertig umgebauten) Yachthafen von Westbay sitzt man an ungehobelten Tischen und schaut über den Meeresarm des Governor's Creek. Spezialitäten sind Fisch und Meeresfrüchte. Mit den Preisen hält man sich angenehm zurück. Und wer mal keinen Fisch möchte, bestelle das viel gelobte Hähnchen Schnitzel mit österreichischem Kartoffelsalat.

Osetra, ein superschickes Lokal im obercoolen Miami-Stil. Da fehlen weder goldbezogene Stühle noch silberne Espresso-Tassen. Es werden kunstvoll dekorierte Kreationen gereicht, die sehr gut schmecken. Lakaienhafte Kellner in weißer Livree reden einen mit

„You Guys" an, ein lockeres Dauerlächeln ins Gesicht gemeißelt. Das elegante Lokal liegt etwas abseits in Morgan Harbour.

Im **Guy Harvey's** an der Hafenpromenade in George Town kann der Gourmet etwas für die Bewahrung der Unterwasserwelt tun. Denn auf der Speisekarte steht der für die Korallenriffe und ihre Bewohner schädliche Feuerfisch, sowohl hart angebraten (blackened) als auch zum Sushi verwurstet. Als Speisefisch ist der Bösewicht durchaus tauglich, schmeckt allerdings entsprechend seinem Charakter etwas strenger als andere Meeresspezialitäten. Ansonsten wird eine Mischung aus französischer und karibischer Küche angeboten, für die hohen Preise indes etwas grobklotzig zubereitet. Das mag der idealen Lage des Restaurants für die vielen Kreuzfahrttouristen geschuldet sein. Der Blick über den Hafen von George Town ist herrlich. Toll ist auch die riesige Rum-Karte mit Sorten aus der ganzen Karibik, Zentralamerika und Teilen Südamerikas. Ich war so begeistert, dass ich zu den am Ende der Karte aufgeführten Süßspeisen erst gar nicht vorgedrungen bin. Das Lokal ist übrigens nach dem Künstler, Meeresbiologen und Umweltschützer Guy Harvey, einem in Deutschland geborenen Jamaikaner, benannt. Einige seiner Werke hängen im Gastraum.

Landesspezialitäten:

Sehr beliebt und sehr Insel-typisch ist **Jerk**, eine ursprünglich aus der jamaikanischen Küche stammende, scharfe Marinade, in der alle möglichen Sorten von Fleisch eingelegt werden.

Cayman Islands ist der Ort für bunte **Karibik-Cocktails** von Hemingways Daiquiris über Mojitos bis zur Margarita und vielen anderen, ausgefalleneren Kreationen. Wo sollte man so etwas trinken, wenn nicht auf Cayman. Viele Bars haben sich auf wahrhaft kunstvolle Cocktails spezialisiert. Top-Locations für einen **Sundowner**, bei dem die Sonne Kino-reif im Meer versinkt, sind Grand Old House, The Wharf und Royal Palms Beach Club.

Wer auf **Fisch und Meeresfrüchte** steht, ist auf den Cayman Islands natürlich bestens aufgehoben. Das Gute, was aus dem Meer kommt, wird in allen Variationen zubereitet und angeboten, vom britisch simplen Fish and Chips über Austern, Seafood Curry und karibischer Ceviche bis hin zu mit köstlichem Langusten-Fleisch gefüllten Ravioli.

Ganz besonders gut sind die zum Teil riesigen **Langusten**. Sie werden zwischen Dezember und Mai angeboten. Von Juni bis November haben die Schalentiere Schonzeit und dürfen nicht gefangen werden. Das ist gut für die Langusten – und für uns auch; erhöht es doch die Vorfreude auf die nächste Saison.

Berühmt sind die Inseln für ihren rosaroten **Rumpunsch**, eine gehaltvolle karibische Mischung aus Rum, Orangensaft, Ananassaft und Grenadine. Im Idealfall hat der Rumpunsch drei verschiedene Sorten Rum – deshalb heißt er Punsch. Wer das nicht einmal probiert hat, war nicht so wirklich auf den Cayman Islands.

Eine weitere Spezialität ist der **Rumcake**, ein mit viel Rum weichgespülter Marmorkuchen. Besonders gut schmeckt der Rumcake zusammen mit einer Kugel Vanille-Eis. So wird er auch in verschiedenen Lokalen als sehr empfehlenswerte Nachspeise angeboten.

Der gewöhnliche, nationale **Rum** heißt **Tortuga**; auf dem Etikett prangt symbolträchtig ein Piratenschiff. Ein ganz besonderer Rum ist der **Seven Fothoms Premium Rum**. Er reift in Eichenfässern an einer geheimen Stelle im Meer in sieben Faden (knapp 13 Meter) Tiefe. Die Strömung wiegt die Fässer, und durch die Bewegung bekommt der Rum sein ganz besonderes Aroma – ein ganz ähnliches Verfahren wie beim Linie Aquavit, der in seinen Fässern um die Welt geschippert wird.

Viele, viele Jahre war die Meeresschildkröte Grundnahrungsmittel auf den Cayman Islands. Heute stehen die Panzertiere im Prinzip unter Naturschutz, doch auf der Turtle Farm in West Bay dürfen sie auch als Speiseschildkröten gezüchtet werden. Und das traditionelle **Turtle Stew** schmeckt wie eh und je ganz ausgezeichnet. Auch das des Öfteren angebotene **Schildkrötensteak** würde ich nicht verachten.

5. Schlaglicht
Gestatten, …

Gestatten, ich bin ein **Rotfußtölpel**. Ich habe eine große Familie. 20.000 meiner Verwandten leben auf der Karibikinsel Little Cayman. Dieser Zweig unserer Familie ist allerdings ziemlich publikumsscheu. Sie können meine dortigen Artgenossen nur durch ein Fernrohr beobachten. Fotos lassen sie nicht zu. Deshalb müssen Sie mit einem Foto von mir vorliebnehmen. Es ist in meiner Heimat Ecuador, auf den Galápagos Inseln entstanden. Bei uns in Ecuador sehen wir das mit dem engen Kontakt zu den Menschen und mit dem Recht am eigenen Bild nicht so eng. Auf Galápagos haben wir nämlich eine harte Konkurrenz von den Blaufußtölpeln. Sie sind bei den Touristen beliebter als wir, weil sie ihre blauen Füße zum Paarungstanz einsetzen. Das kommt gut an. Denn die Menschen denken ja dauernd an Sex, vor allem im Urlaub. Little Cayman ist eine gesittetere Insel. Dort gibt es keine Blaufußtölpel, nur uns Rotfußtölpel. Und unsere schönen Füße haben nichts mit Sex zu tun, das versichere ich Ihnen.

Das macht der auf Little Cayman vorkommende **Fregattvogel**, um der Fregattvögelin zu gefallen. Da halten wir Rotfußtölpel auch nichts von.

Viel schlimmer aber noch ist, dass Fregatt- vögel gewalttätige Kri- minelle sind. Sie haben niemals gelernt, sich ihren Lebensunterhalt auf ehrliche Weise zu verdienen, mit anderen Worten, diese Piraten der Lüfte sind nicht in der  Lage, sich selbst einen Fisch zu fangen. Stattdessen warten sie in einem Hinterhalt darauf, bis wir unsere wohlverdiente Nahrung aus dem Meer gefischt haben. Dann stürzen sie sich auf uns, beißen uns in den Schwanz oder in die Federn, bis wir vor Schmerz den gerade erjagten Fisch wieder aus dem Schnabel fallen lassen. Nicht umsonst sind die Halunken nach den Fregatten der Seeräuber benannt.

Hallo, auch wir sind **Tölpel**. Wir leben auf Cayman Brac und sind Touristen gegenüber recht wohlgesonnen. Sie dürfen uns aus unmittelbarer Nähe betrachten und auch Fotos von uns machen – allein schon wegen unserer schönen gel- ben Füße. Eigentlich müsste man uns Gelbfußtölpel nennen. Aber auf diese naheliegende und treffende Bezeichnung ist der Homo Sapiens bei seiner Klassifizierung der Arten nicht gekommen. Stattdessen nennt man uns zumeist **Brauntölpel**. Das ist nicht nur fantasielos und beleidigend, sondern auch noch falsch. Viele von uns haben keine braunen, sondern schwarze Federn auf den Flügeln und auf dem Rücken. Manchmal nennt man uns auch Weißbauchtölpel – das passt schon eher. Apropos Homo Sapiens und seine respektlose Artenlehre. Die Deutschen haben für uns den Begriff Tölpel geprägt, weil wir angeblich einen „unbeholfenen Watschelgang" hätten. Darauf sagen wir: „Ja und!" Schließlich sind wir Meeresvögel, nebenbei ausgezeichnete Segelflieger. Für uns besteht überhaupt keine Veranlassung, ewig an Land herum zu hampeln wie andere Lebewesen das tun.

Und wir sind die schönen bunten **Cayman Papagaien**.

Wir leben in der Parrot Reserve auf Cayman Brac. Einige von uns arbeiten als Fotomodell in der Volière der Turtle Farm auf Gran Cayman.

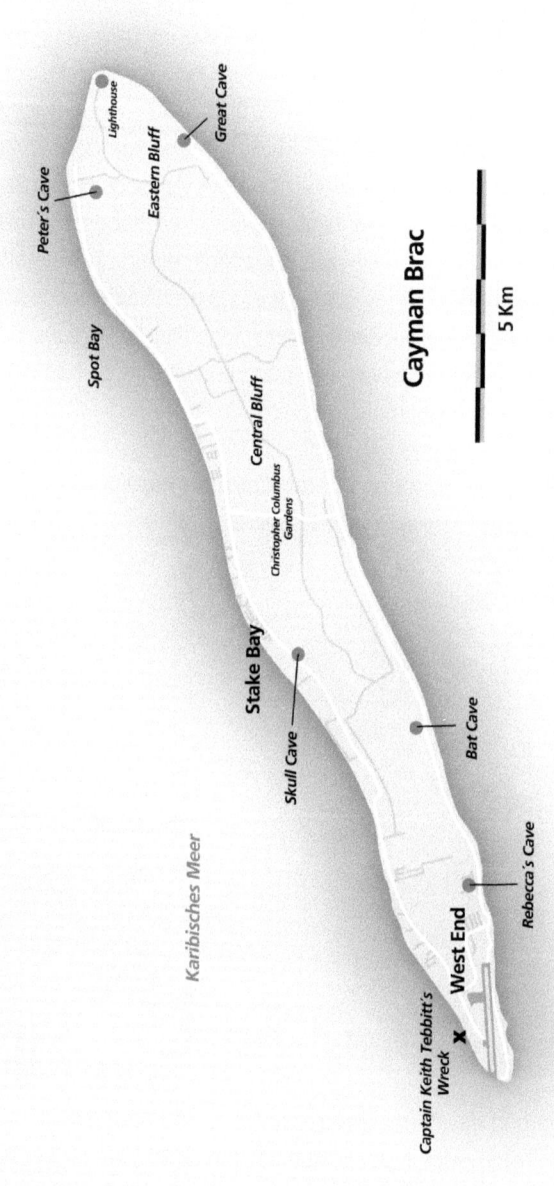

Cayman Brac

Karibisches Meer

Captain Keith Tebbitt's Wreck

West End

Rebecca's Cave

Bat Cave

Skull Cave

Stake Bay

Christopher Columbus Gardens

Central Bluff

Spot Bay

Peter's Cave

Lighthouse

Eastern Bluff

Great Cave

5 Km

6. Schlaglicht
Cayman Brac

The Bluff, eine fast 50 Meter hohe Steilküste im Osten der Insel

Little Cayman und Cayman Brac nennt man auch gerne die Sister Islands. Sie haben in der Tat einiges gemeinsam, doch richtige Zwillingsschwestern sind es nicht. Beide Inseln sind abgeschiedene Taucherparadiese; zusammen haben sie mehr als 100 Tauchgründe. Beide sind total verschlafen, eine ganz andere Welt als das geschäftige Grand Cayman, beide ideal für Leute, die sich reif für die Insel fühlen. Dabei ist Cayman Brac landschaftlich vielfältiger, hat Dutzende von geheimnisvollen Höhlen und einen internationalen Flughafen. Auf der Insel leben ungefähr 2000 Leute, etwa zehnmal so viele wie auf Little Cayman. Dementsprechend sind die Autos auch nicht ganz so selten. Dafür gibt es nur noch wenige der auf Cayman Brac heimischen Felsleguane. Das hängt durchaus miteinander zusammen. Denn die größten Feinde des seltenen Leguans sind neben Hunden und Katzen die Menschen mit ihrer die Natur einnehmenden Lebensart. Die Vögel haben sich auf Cayman Brac mit etwa 200 Arten gut gehalten.

Die Insel ist knapp 20 Kilometer lang. An ihrer breitesten Stelle sind es nicht einmal drei Kilometer von der einen zur anderen Seite. Doch diese drei Kilometer im Osten der Insel haben es in sich: dort liegt **The Bluff** – eine nahezu 50 Meter hohe Steilküste erhebt sich fast senkrecht aus dem Meer. Sie besteht aus Kalkstein und setzt sich zum Landesinneren hin waagerecht fort. Von oben sieht das Ganze aus wie eine hochgelegte Scheibe. Dutzende von **Höhlen** durchlöchern den Kalkstein wie einen Schweizer Käse; etliche sind von Fledermäusen bewohnt. Viele der geheimnisvollen Höhlen können besichtigt werden. Für Besucher/innen von Cayman Brac gehört daher eine Taschenlampe zur Grundausstattung. Wohl wegen der Höhlen wird immer wieder behauptet, Cayman Brac sei die Vorlage für das berühmte (Kinder)Buch „Die Schatzinsel" gewesen. Im wahren Leben soll sich der legendäre Pirat Blackbeard gerne auf Cayman Brac aufgehalten haben. Auf jeden Fall hat die kleine Insel ideale Voraussetzungen für

The Bluff besteht aus Kalksandstein und setzt sich zum Landesinneren waagerecht fort

Piraten und verborgene Schätze. Den Einheimischen haben die Höhlen von jeher als Unterschlupf und Schutz bei Wirbelstürmen geholfen. Nur bei dem großen Hurricane im Jahre 1932 war Hopfen und Malz verloren. Obwohl die Menschen auf das höher gelegene „Bluff" und in die Höhlen geflohen sind, hat es um die hundert Todesopfer gegeben.

Offizielle Hauptstadt ist das an der Nordküste gelegene Nest **Stake Bay**. Verwaltung und Museum sind noch heute dort. Doch der für das Inselchen fast schon außerirdisch große Flughafen liegt bei West End. Deshalb ist dort auch ein bisschen mehr los. Insgesamt gibt es über die Insel verteilt etwa zehn Gaststätten und zehn Kirchen. Außerdem zwei größere Hotel-Resorts, die eine oder andere Apartment-Anlage und ein paar einfache Hotel-Pensionen.

Und wo kommt der eigenartige **Name der Insel** her? Brac ist das gälische Wort für Klippe, und zu den ersten Siedlern von Cayman Brac gehörten einige Schotten.

Highlights:

Im Jahr 1996 kaufte die Regierung der Cayman Islands der kubanischen Marine ein ausgedientes, russisches Kriegsschiff ab und versenkte es in der Nähe des Flughafens vor der Nordküste von Cayman Brac. Der berühmte Meeresforscher Jean-Michel Cousteau hat es sich nicht nehmen lassen, dabei zu sein, als das Schiff zu seiner letzten Ruhestätte in die Fluten sank. Der Zerstörer mit der Nummer 356 wurde nach einem lokalen Geschäftsmann und Politiker in **M./V. Captain Keith Tibbetts** umbenannt und kann seitdem auch keinen Schaden mehr anrichten. Er bringt nur noch Freude. Das 100 Meter lange Wrack mit den bedrohlichen Kanonen ist einer der spektakulärsten und gespenstigsten Tauchgründe in der ganzen Karibik. Über die Jahre hat sich das Wrack längst in ein künstliches Riff verwandelt – eine faszinierende Heimstätte für Korallen und Fische. Tropenstürme haben dafür gesorgt, dass die Fregatte in zwei Teile zerbrochen ist. Dadurch ist das Wrack eher noch attraktiver geworden. Denn erfahrene Taucher/innen können seitdem sogar das Innere des Schiffes erkunden.

Die M./V. Captain Keith Tibbetts ist sehr leicht zugänglich. Sie liegt nur etwa 200 Meter vom Ufer entfernt in einer Tiefe von etwa 15 - 20 Metern. So können selbst geübte Schnorchler einen Blick von oben auf das friedlich gewordene Kriegsschiff werfen. Beim Cayman Brac Community Park hinter dem Flughafen stehen Schilder, die auf den Zugang zu dem Tauchziel hinweisen.

Die Insel hat ein logistisches Highlight für alle, die mal eben per Tagesausflug von Grand Cayman kommen: Zwar gibt es nur drei Taxis auf Cayman Brac; doch fast immer, wenn eine Maschine am Flughafen ankommt, steht eine Taxe vor der Empfangshalle und wartet auf die Gäste. Die Taxifahrer bieten kundige **Inselrundfahrten** zu sehr angenehmen Preisen an: 25 US$ für zwei Stunden, knapp 40 US$ für vier Stunden. Wer möchte, kann auch eine noch längere Tour buchen. Falls einmal kein Taxi am Flughafen stehen sollte, einfach jemanden fragen; man kennt sich ja auf der Insel.

Cayman Brac ist ideal, um noch einmal jenes prickelnde Schatzinsel-

Feeling zu erleben, das einige aus ihrer Jugendzeit erinnern. Im Riff des Bluff verbergen sich reihenweise **Höhlen**. Manche sind gut ausgeschildert, manche kennen die örtlichen Taxifahrer und Reiseleiter, manche tauchen im Internet auf. Es gibt sogar noch weitgehend unbekannte Höhlen zu entdecken.

The Great Cave

The Skull Cave

Tipps:

Hier eine Auswahl von Höhlen, die ich besucht habe: Bei Stake Bay liegt direkt am Straßenrand die Totenkopf Höhle (**Skull Cave**). Warum sie so heißt, hat sich mir nicht ganz erschlossen. In der Höhle gibt es zwar schöne Felsformationen, aber keine Totenköpfe; auch ihre Form erinnert nicht an einen Schädel. Dafür ist sie von Fledermäusen bewohnt, die gerne in großen Löchern hängen, die sich in der Decke der Kaverne auftun. Wenn man die Fledermäuse mit seiner Taschenlampe beim Schlafen stört, kann es passieren, dass sie einem um die Ohren flattern. Die Fledermäuse sind übrigens die einzigen Säugetiere, die auf den Cayman Islands heimisch sind – alle anderen sind von den Menschen eingeschleppt worden.

Eine Fledermaus-Höhle (**Bat Cave**) gibt es auch; sie liegt an der South Side Road West, etwa drei Kilometer außerhalb von West End. Dort werden Sie indes keine Fledermäuse zu Gesicht bekommen. Es gibt sie, doch sie haben sich tief ins Innere der Höhle zurückgezogen.

Von **Peter's Cave** oberhalb von Spot Bay hat man einen schönen Blick aus der Höhle heraus auf den Ort. Sie können sowohl von Spot Bay als auch oben vom Riff in die Höhle gelangen.

Die Große Höhle (**Great Cave**) am Ende der South Side Road East hat mich am meisten beeindruckt. Ihre Öffnungen in der Steilküste erinnern an ein mysteriöses Gesicht, das gebannt aufs Meer hinaus starrt – die Zwischenwelt lässt grüßen.

Weitere bekannte Höhlen sind **Nani Cave** im Landesinneren, nicht weit von den Christopher Columbus Gardens, und ein **Rebecca's Cave** bei West End, benannt nach der tragischen Geschichte eines

Mädchens, das in der Höhle Schutz vor einem Hurricane suchte, und dann doch sterben musste.

Die dramatisch aus dem Meer ragende Steilküste des Bluffs macht Cayman Brac zu einer idealen **Kletter-Destination**. An einigen Stellen schweben geübte Klettermaxen direkt über der wütend an die Felswand schlagenden Brandung. Das Adrenalin steigt – und die Sicherungsseile sollten halten.

Cayman Brac ist die Kaiman-Insel, auf der man am besten wandern kann. Bringen Sie stabile Schuhe mit; denn der Kalkstein, aus dem das ganze Riff im Osten der Insel besteht, ist an einigen Stellen scharf wie ein zerklüftetes Messer.

Die Papageien Reserve (**Parrot Reserve**) im Süden des zentralen Riffs (Central Bluff) hat einen interessanten Wanderweg, auf dem man einen schönen Einblick in die Vogelwelt und in die seltsame Inselvegetation bekommt, einschließlich der Silberpalmen und über drei Meter hohen Kakteen. Hier leben auch noch etwa 350 der knallbunten, total hübschen Cayman-Papageien; es gibt nur leider überhaupt keine Garantie, die sympathischen Kerle auf dem etwa 45 Minuten langen Rundweg zu Gesicht zu bekommen. Zum Trost: In der Volière der Turtle Farm auf Grand Cayman gibt es die Fotomodell-Papageien auch.

Kolumbus hat die Cayman Islands nie betreten, er ist lediglich an den beiden Sister Islands Cayman Brac und Little Cayman vorbeigesegelt. Auch seine Bezeichnung der Inselgruppe „Las Tortugas" hat sich nicht durchgesetzt. Dennoch hat man ihm zu Ehren an der Ashton Reid Road, einer Nord-Süd-Verbindung etwa in der Mitte der Insel eine Gedenkstätte errichtet, die **Christopher Columbus Gardens**. Dort gibt es ein Denkmal des Seefahrers und eine Ehrenwand mit den Namen von 500 Bürgern und Bürgerinnen, die sich um die Sister Islands verdient gemacht haben. Außerdem wird ein kleiner Felsleguan gefüttert, damit er den Besucher/innen zum Anschauen bereit steht. Alles nicht aufregend, aber irgendwie nett.

Am östlichen Ende der Insel steht ein kleiner, nicht besonders spektakulärer Leuchtturm. Doch die Aussicht von dort ist umwerfend. Der

Blick weitet sich über die senkrechte Steilküste hinweg in die Unend-
lichkeit von Himmel und Meer. Nach links führt ein schmaler Wanderweg an der Abbruchkante entlang durch eine fast unwirkliche, flache
Landschaft. Zwischen dem scharfkantigen, fast weißen Kalkstein
behaupten sich immergrüne Seetrauben-Gewächse und einzelne
Silberpalmen. Die windgepeitschten, etwas zotteligen **Silberpalmen**
sind im Vergleich zu einer Kokospalme recht kleinwüchsig. Dennoch
haben sie es aufgrund ihrer außerordentlichen Widerstandsfähigkeit
geschafft, zum nationalen Baum der Cayman Islands zu avancieren.
Die Seetrauben haben es noch etwas schwerer. Je nach Jahreszeit
sitzen ganze Heerscharen von bunten, bösartigen Raupen in den
Gewächsen. Die rücksichtslosen Kerle schaffen es, einen Seetrauben-
strauch innerhalb von ein paar Tagen völlig kahl zu fressen. Viel sympathischer als die Raupen sind die stattlichen Weißbauchtölpel. Wenn sie
nicht gerade zum Fischen über dem Meer unterwegs sind, sitzen sie
gerne am Wegesrand auf dem Riff und ruhen sich von der Jagd aus.
Es sind sehr schöne, total fotogene Vögel, die den Menschen nah an
sich heran lassen.

Von Spot Bay aus kann man sich der spektakulären Steilküste auch
von unten aus nähern. Am Ende der Straße hat man den klassischen

Küstenimpression

Cayman Brac-Postkartenblick auf die Spitze der Insel mit dem vorgelagerten Felsen.

In Stake Bay hat man aus dem alten Regierungsgebäude das **Cayman Brac Museum** gemacht. Es ist das älteste Museum der Cayman Islands, so ein richtiges Heimatmuseum mit Fotos, Texten und alten Klamotten, Möbeln, Werkzeugen und Oma-Radios. Vieles ist dem großen Hurricane aus dem Jahre 1932 gewidmet, der Cayman Brac ganz besonders hart getroffen und etwa hundert Todesopfer gefordert hat. Wegen dieser traumatischen Erfahrung ist ein drohender Wirbelsturm noch heute auf Cayman Brac allgegenwärtig, als Gesprächsthema und ganz konkret in Form von mehreren Hurricane-Zentren oben auf dem Bluff, in denen man bei Gefahr Zuflucht suchen kann. Die wohlhabenderen Familien haben ein Zweithaus, ebenfalls oben auf dem Riff.

Die besten Hotels der Insel stehen an der Südküste etwas westlich von West End: Das **Cayman Brac Beach Resort** ist eine Mittelklasse-Anlage direkt an einem Palmen-Strand. Sie verfügt über Restaurant, Pool, Hängematten, Tauch- und Schnorchel-Möglichkeiten, Flughafen-Transfer, Fahrräder, Kajaks und Tennisplatz (Doppelzimmer ca. 220 US$ – außerdem Wochenpakete mit Halb- oder Vollpension und Tauchen inklusive ab 1400 US$). Ganz in der Nähe gibt es Aussichtspunkte für Vogelbeobachter und einen schönen Blick auf die Schwesterinsel Little Cayman. Auch gut und noch etwas charmanter: nebenan das **Carib Sands Beach Resort** mit ganz ähnlichen Leistungen und Preisen.

Kuriositäten:

Wenn Sie von Stake Bay auf der Küstenstraße nach Osten fahren, stehen plötzlich mannshohe Statuen rechts in den Büschen. Sie erinnern an altägyptische Sarkophage; doch ihre Mienen sind merkwürdig lebendig. Es sind Abdrücke von Gesichtern wirklich existierender Menschen. Der auf der Insel lebende Althippie Foots hat sie erschaffen. Doch nicht nur das. Foots baut an dieser Stelle vor der Küste unter Wasser die geheimnisvolle, irgendwann untergegangene Stadt **Atlantis** nach. Der Künstler hat Säulen, Podeste und eine Sonnenscheibe versenkt. Bevölkert wird das knapp 25 Meter unter der Wasseroberfläche liegende Atlantis von seinen seltsamen Figuren. Nur er weiß, warum sie echte Gesichter tragen. So ist ein surrealer Tauchplatz entstanden, der seines gleichen sucht. Atlantis ist indes nicht so groß, wie der Name der mythischen Stadt vermuten lassen könnte. Das Haus des Künstlers, weitere Sarkophag-Figuren und seltsame Installationen stehen auf der gegenüberliegenden Seite der Insel am südöstlichen Küstenabschnitt. Zwei ausrangierte Kriegsraketen zielen – wie Foots versichert – genau auf das weiße Haus in Washington. Der steinige Strand mit der sich dahinter aufragenden, senkrechten Felswand gefällt übrigens nicht nur dem Künstler. Hier halten sich auch die Tölpel gerne auf.

Ein Stück weiter hat sich jemand ein **Haus** an den Strand gesetzt, das aussieht wie ein **Ei**. Das sieht drollig aus, und wenn mal wieder ein Hurricane kommt, ist so eine windschnittige Form sicher auch nicht ganz falsch. Ideen muss man haben.

Das einstmals ansprechende und sehr großzügige Divi Tiara Beach Resort beim Flughafen an der Südküste wurde im Jahr 2006 geschlossen. 2008 ging auch noch Hurricane Paloma über das **gestorbene Hotel** und gab den vor sich hin rottenden Gebäuden den Rest. Wer die schüchternen Betreten-Verboten-Schilder missachtet, kann das untergegangene Hotel besichtigen und in dem morbiden Ensemble herumstreunen. Mal schauen, ob das in der Nähe stehende Hotel Alexander in die Fußstapfen des Tiara Resort tritt. Es wurde 2014 geschlossen und auch einfach in der Landschaft stehen gelassen; die tropische Vegetation ist schon fleißig dabei, sich des Gebäudes zu bemächtigen.

Installationen des Künstlers Foots auf Cayman Brac

7. Schlaglicht
Little Cayman

Vorsicht, Leguane kreuzen!

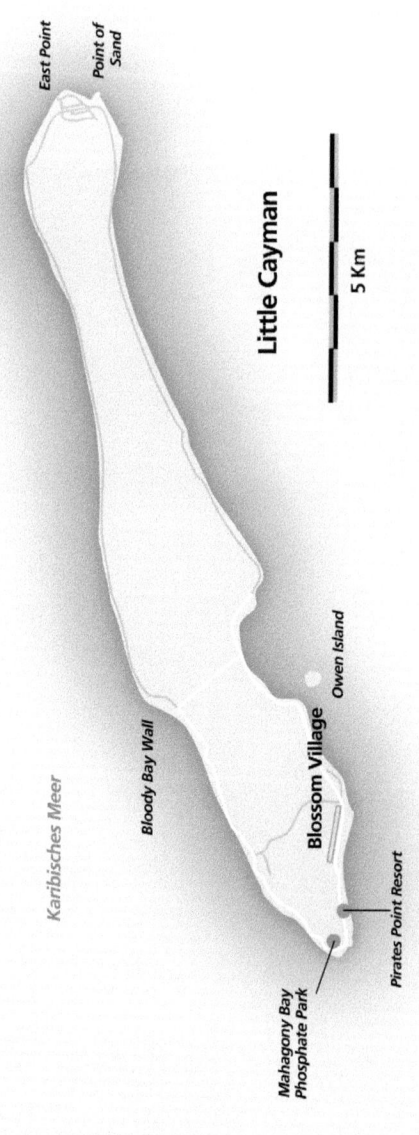

East Point

Point of Sand

Karibisches Meer

Bloody Bay Wall

Blossom Village

Owen Island

Pirates Point Resort

Mahagony Bay
Phosphate Park

Little Cayman

5 Km

Auf **Little Cayman** leben außer den Feriengästen nur etwa 200 Menschen, dafür aber 20.000 Rotfußtölpel. Das Inselchen ist noch ein bisschen kleiner als Cayman Brac; es ist nur zwei Kilometer breit und etwa sechzehn Kilometer lang. Das mit Mangroven bedeckte, längliche Eiland sieht aus wie eine grüne Zigarre im Meer. Es besteht fast ganz aus Sand und aus Korallen; irgendwann in der Erdgeschichte auferstanden aus den Fluten. Zu Zeiten der Dinos war Little Cayman noch ein vollständig mit Wasser bedecktes Riff.

Das winzige **Inselhauptstädtchen** hat den anmutigen Namen **Blossom Village** – Blütendorf. Es gibt eine Kirche, einen Tante Emma-Markt, eine Bank, das Inselmuseum und die Dorfkneipe: The Hungry Iguana – Der Hungrige Leguan. Post, Feuerwehr und Airport-Terminal

Blossom Village

sind zusammen in einer bescheidenen Hütte aus Holz untergebracht. Etwas außerhalb des Ortes liegt die Polizeidienststelle. Ein oder zwei Polizisten/innen halten dort geruhsam die Stellung – denn auf Little Cayman ist die Welt noch in Ordnung. Elektrischer Strom kam erst 1992 auf die beschauliche Insel. Häufigstes Verkehrsschild ist das mit dem Leguan; das schuppige Kriechtier hat auf den schmalen Inselstraßen grundsätzlich Vorfahrt. An den Stränden, vor allem in Blossom Village, stehen einige gute Hotel-Resorts. Unterm Strich aber ist Little Cayman noch ein völlig verschlafenes Inselchen, wo Leguan und Rotfußtölpel sich gute Nacht sagen. Wer weiß, wie lange noch. Am Straßenrand habe ich viele Schilder gesehen, auf denen „Bauland zu verkaufen" stand.

Highlights:

Auf dem kurzen Weg vom Flughafen ins „Zentrum" von Blossom Village liegt auf der linken Seite ein hübsches karibisches Holzhaus mit Ausstellungsräumen und luftigen Veranden. Es ist der **National Trust**, eine Organisation, die sich mit der Bewahrung der Inselkultur und des Naturerbes befasst. Von hier aus kann man durch große Fernrohre über den **Booby Pond**, eine malerische, von Mangroven umstandene Lagune schauen. Auf der anderen Seite des kleinen Sees tummelt sich die reiche und außergewöhnliche Vogelwelt von Little Cayman. Bräunlich graues, manchmal weißes Gefieder, blauer Schnabel und möglichst rote Füße, das ist das elegante Outfit des Stars unter den Vögeln: der Red Footed Booby – der **Rotfußtölpel**. Mit ein bisschen Glück konn-

Der malerische Booby Pond

te ich beobachten, wie sich einer von ihnen mit seinen roten Füßen kratzte; das sah lustig aus. Vom National Trust aus kann man auch Fregattvögel mit ihrem knallroten Hals erspähen; von ihnen leben um die 350 auf der Insel. Außerdem diverse Enten und viel sonstiges tropisches Federvieh; insgesamt etwa 200 verschiedene Vogelarten. Auf Informationstafeln steht, wie sie alle heißen. Über das Inselchen verteilt gibt es noch weitere Aussichtspunkte für Vogelfreunde, doch die coolen Rotfußtölpel sind fast nur am Booby Pond.

Vor der Nordwest-Küste von Little Cayman fällt der Meeresboden plötzlich sage und schreibe fast 2000 Meter in die Tiefe. Die annähernd senkrechte **Bloody Bay Wall** ist die sensationellste und tiefste Steilwand der Inseln, eine faszinierende Unterwasserwelt, die ihres Gleichen sucht. So tief kann kein Mensch tauchen; der Weltrekord liegt bei 330 Metern; doch allein die Vorstellung einer nahezu zwei Kilometer tiefen Unterwasserwand ist schon grandios. Und das, was man auf den ersten Metern sieht auch.

Tipps:

Die Insel ist klein, die Insel ist flach, und meistens ist schönes Wetter. Was ist also naheliegender, als mit dem **Fahrrad** zu fahren. Die Strand-Resorts vermieten Drahtesel für wenig Geld. Da es auf ganz Little Cayman nur den Tante Emma-Markt in Blossom Village gibt, ist es angeraten, genügend Wasser und ein paar Kekse mitzunehmen, wenn man über die Insel radelt. Sonnenschutz und Hut sind auch nicht falsch.

An dem schönen Strand von Blossom Village gibt es eine ganze Reihe von guten **Resorts**. Erstaunlicherweise ist das Hotel-Angebot auf der kleinsten Kaiman-Insel besser als auf Cayman Brac. Auf Little Cayman stehen Unterkünfte, die den Begriff „Barefoot Luxery" mit geprägt haben:

Der **Southern Cross Club**, schräg gegenüber der hübschen Owen-Insel ist das älteste und traditionsreichste Resort: Zweistöckige Bungalows in karibischer Eleganz direkt auf dem Strand. Das bereits 1958 gegründete Hotel ist für sein ausgezeichnetes Essen

bekannt. Für mich die attraktivste Option auf Little Cayman, allerdings nicht ganz billig (buchbar ab fünf Übernachtungen mit Vollpension, je nach Saison zwischen 1575 und 1845 US$ pro Person – Flughafentransfer, Fahrräder und Kajaks zum Herumpaddeln inklusive).

Preisgünstiger ist das etwas weiter in Richtung Flughafen gelegene, etwas einfacher ausgestattete **Little Cayman Beach Resort** (ab 540 US$ pro Person für drei Übernachtungen mit Halbpension, in der Hauptsaison und bei Zimmern mit Meerblick bis 750 US$, einschließlich Flughafen-Transfer und ein Tauchgang pro Tag).

Zwischen dem Southern Cross Club und dem Little Cayman Beach Resort liegt der elegante **Conch Club**, ein zwar karibisch, aber doch etwas klotzig gestaltetes Kondominium. Die Apartments werden auch für einzelne Übernachtungen vermietet, je nach Größe und Saison zwischen 250 und 450 US$. Nachteil: keine Gastronomie, was in dem stillen Blossom Village nicht ganz unproblematisch sein kann.

Nicht nur die Hotels sind ansprechender als auf der abwechslungsreicheren Schwesterinsel Cayman Brac, auch der Strand ist idyllischer. Auf Little Cayman stehen auch keine gestorbenen Hotels in der Landschaft herum.

Vor Blossom Village liegt **Owen Island**, eine wie ins Meer gemalte, unbewohnte Robinson-Insel. Man kann sie vom Strand aus fotografieren oder mit dem Bötchen rüberfahren. Wer fit genug ist, kann auch hin schwimmen; es sind nur etwas mehr als 200 Meter.

Das **Pirates Point Resort** zählt zu den von der amerikanischen Reisejournalistin Patricia Schultz beschriebenen „1000 Places to see before you die". Es ist eine gemütliche Anlage zum Tauchen und Abhängen ganz im Westen der Insel. Und – das ist der eigentliche Clou – hier am Ende der Welt wird in einem trödeligen Gastraum Gourmet-Küche serviert. Die leider im Oktober 2015 verstorbene Inhaberin hatte das vornehme Handwerk bei Sterneköchen in Paris und in den USA erlernt. Jetzt wird das Haus von ihrer Tochter geführt, und ein Gourmet-Koch ist auch noch da (sieben Übernachtungen zwischen 1650 und 2150 US$ pro Person, Gourmet-Vollpension eingeschlossen).

Am östlichen Ende der Insel gibt es einen wunderschönen Strand. Er heißt **Point of Sand** und schimmert rosa im kristallklaren Wasser. Das hat er den Papageienfischen zu verdanken. Denn die fressen gerne Korallen, auf denen sich Algen festgesetzt haben. Den sandigen Teil seines Menus spuckt der Papageienfisch wieder aus, und genau das, was ihm nicht so gut schmeckt, ruft den außergewöhnlichen Rosa-Schimmer hervor.

Strand bei Blossom Village

Kuriositäten:

Das **Verkehrsschild mit dem Leguan** sieht so ähnlich aus wie das deutsche Wildwechselschild mit dem Reh, ist nur etwas kunstvoller gestaltet. Obwohl diese Schilder fast überall stehen, habe ich recht lange gebraucht, bis ich tatsächlich am Straßenrand einen Leguan zu sehen bekommen habe. Aber in Deutschland springt ja auch nicht gleich hinter jedem Wildwechselschild ein Reh hervor. Die größte **Leguan-Siedlung** ist im Mahagony Bay Phosphate Park, von Blossom Village kommend hinter dem Pirates Point rechts ab ins Inselinnere. Der Park heißt so, weil es hier früher einmal eine Phosphat-Mine gab. Heute ist hier Leguan-Land; wer hinfährt, hat „Leguan-Garantie". Es sind hübsche Kerle in leicht schmuddelig wirkendem Kleide, das zwischen grau, ocker und matt-gold changiert. Sie haben schöne, rote Augen und um den Mund herum einen bläulichen Schimmer. Und weil die Tiere so ansehnlich und zudem recht selten sind, werden sie auf der Insel geachtet und geschützt; noch leben knapp 2000 von ihnen auf Little Cayman. Es gibt sogar eine Hotline, die man anrufen kann, wenn man irgendwo einen verletzten Leguan sieht. Zoologisch gesehen handelt es sich bei den geschützten Tieren um eine Unterart des kubanischen Felsleguans. Man nennt sie auch Sister Islands Leguana; doch auf der Schwesterinsel Cayman Brac haben sie es nicht so gut; dort sind die Kameraden fast ausgestorben.

Es gibt auch **grüne Leguane** auf Little Cayman. Doch die sind längst nicht so beliebt, im Gegenteil. Sie werden wegen ihrer harschen Gebräuche **politisch verfolgt**. An öffentlichen Orten und in Hotels hängen wie in den alten Western-Filmen Steckbriefe aus, auf denen „Wanted – Invasive Green Iguana" steht. Die grünen Leguane sind eingeschleppte Fremdlinge, die eigentlich nicht auf die Insel gehören, sich aber wie Bolle vermehren und den einheimischen Leguanen den Lebensraum streitig machen. Sie können sogar auf Bäume klettern, und sie fressen den Vögeln die Eier weg, selbst den unter Naturschutz stehenden Rotfußtölpeln, und das geht ja nun gar nicht. Die rüpelhaften Tiere sind auch nicht so hübsch wie der einheimische Leguan.

Jung und schön! Der kleine grüne Leguan

Der grüne ist nur in seiner Jugend grün, dann dunkelt er schmutzig nach, und auf seinem Schwanz bilden sich helle Streifen, so wie ein ungepflegtes Zebra sie hat. Auf dem Steckbrief ist eine Hotline angeben – doch es ist eine Killer-Hotline. Wenn die Verantwortlichen einen grünen Leguan erwischen, geht es ihm an den Kragen. Also merke: der graugelbe Leguan ist der gute und der grüne mit dem Zebraschwanz, das ist der böse Leguan; übrigens derselbe Flegel, der auf Grand Cayman ohne zu fragen über den feinen, englischen Rasen der Golfplätze latscht. Was Amnesty International indes zur politischen Verfolgung der Leguane sagen würde, kann ich nur erahnen.

Wanted! Der erwachsene grüne Leguan

8. Schlaglicht
Stichworte und Hintergründe

Die Cayman Islands gehörten zur britischen Kronkolonie Jamaika. Als die Engländer das Rastafari-Land 1962 in die Unabhängigkeit entließen, entschied sich die Bevölkerung der Kaiman-Inseln dafür, britische Kolonie zu bleiben. Heute ist Cayman ein sogenanntes **British Overseas Territory**. Noch immer lächelt Königin Elisabeth II. huldvoll von den Banknoten, und der/die Gouverneur/in des kleinen Inselreiches wird auf Vorschlag der britischen Regierung von der Monarchin ernannt. Seit 2013 ist es erstmalig eine Frau, Helen Kilpatrick. Daneben gibt es noch ein gewähltes Parlament und einen vom Parlament bestimmten Premier, Alden McLaughlin; doch der hat deutlich weniger Kompetenzen als die Gouverneurin. Teil des Vereinigten

Königreichs sind die Cayman Islands indes nicht, schon gar nicht Teil der EU. Und das bedeutet nun wieder, dass Europäer beim Einwanderungs- und Aufenthaltsrecht keinerlei Vorteile gegenüber anderen Nationalitäten haben; selbst Engländer genießen keine Vorrechte.

Vor 50 Jahren noch waren die Cayman Islands ein ziemlich hinterwäldlerisches Karibikparadies mit weniger als 10.000 Menschen. Heute sind es etwa **60.000 Einwohner**, und das Hinterwäldlerische ist in der schicken Steueroase nur noch schwer auszumachen. Das Bevölkerungswachstum liegt bei über 2 %. Da die Inselgruppe so klein ist, könnte es bald etwas eng werden. Im Moment geht es noch; die Bevölkerungsdichte liegt bei 175 Einwohner/innen pro Quadratkilometer. Zum Vergleich: In Deutschland sind es 227, auf den Kanarischen Inseln 280. In Cayman sind etwa **200.000 Firmen** registriert. Heißt das nun, dass fast jeder Einwohner mindestens drei Firmen sein eigen nennt? Nein; denn die Kaiman-Inseln sind ja kein sozialistisches Land. Die Finanzdienstleistungen machen 55 % der Inselwirtschaft und 36 % der Arbeitsplätze aus; auf Platz 2 der Wirtschaftsstatistik folgt der Tourismus.

In den letzten Jahren ist auf den Inseln ein regelrechter **Bauboom** ausgebrochen. Das neue Kimpton-Hotel bringt noch mehr Luxus an den Seven Mile Beach von Grand Cayman. Das elegante Camana Bay-

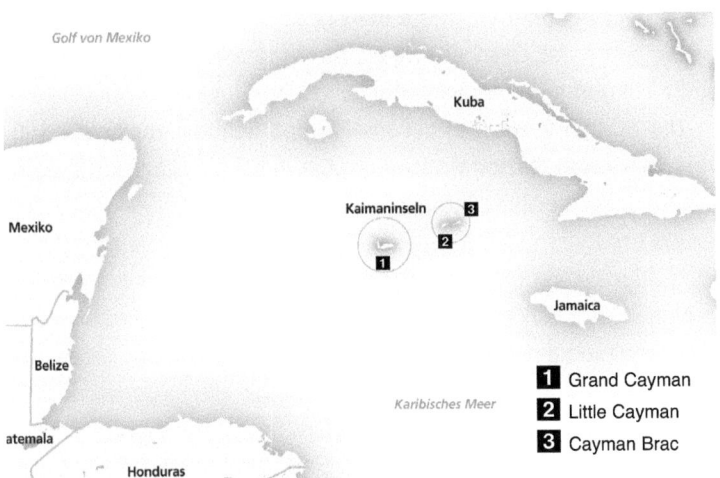

Golf von Mexiko

Kuba

Mexiko

Kaimaninseln **3**

2

1

Jamaica

Belize

Karibisches Meer

atemala

Honduras

1 Grand Cayman
2 Little Cayman
3 Cayman Brac

Karibikparadies Cayman Islands

Viertel wird zu einer mondänen Trabantenstadt ausgebaut. Bei Bodden Town, der verschlafenen, früheren Hauptstadt sollen Mega-Resorts auf den Strand gesetzt werden. Fast überall auf Grand Cayman, ja sogar auf Cayman Brac und Little Cayman wird Bauland zum Verkauf angeboten. Mit irgendetwas muss man ja schließlich den Rubel rollen lassen, wenn das Geschäftsmodell Steuerparadies tatsächlich keine große Zukunft mehr haben sollte.

Die 60.000 Bewohner der Inselgruppe gehören **mehr als 100 verschiedenen Nationalitäten** an. Die nationale Fluglinie Cayman Airways spricht in ihrer Bordpostille sogar von 140 Nationen. In unserer Welt mit ihren 193 von der UNO anerkannten Staaten dürfte es internationaler kaum gehen. Nach der Evolutionstheorie von Charles Darwin müsste sich innerhalb weniger Generationen der Prototyp des postglobalisierten Homo Sapiens herausbilden. Denn wir wissen aus der Geschichte, dass die Menschen sich über alle Rassenschranken hinweg fröhlich paaren; und bei Tropensonne, Strand und Palmenromantik geht das ja besonders gut. Und dann wären vielleicht alle rassistischen Vorurteile gefallen; drei kleine Karibikinseln als Modellfall einer faireren Welt – oder ist das jetzt ein Traum? Am besten vermachen Sie dieses Büchlein Ihren Urenkeln zusammen mit ein paar Freitickets nach Grand Cayman. Ihre Nachkommen können dann gegenchecken, ob meine Theorie gestimmt hat.

Teilweise haben sich die **verschiedenen Nationalitäten** auf bestimmte Berufszweige gestürzt, die ihnen anscheinend besonders liegen. Die Banken werden von den Engländern dominiert, Restaurants vielfach von Europäern oder US-Amerikanern, Handwerk und Gartenpflege von Afrokariben, Taxen von den Jamaikanern und die einfachen Hoteljobs mehrheitlich von Asiaten.

Es gibt enge **Beziehungen** der Cayman Islands zur honduranischen Nordküste und den **zu Honduras** gehörenden Bay Islands, ganz besonders zu Utila. Und das kam so: Anfang des 18. Jahrhunderts ließen sich britische Siedler auf den Cayman Islands nieder. Der erste auf Cayman registrierte Einwohner hieß Isaac Bodden. Die Familie Bodden begegnet uns noch heute allenthalben, nicht nur in Geschichtsbüchern und auf unzähligen Grabsteinen, sondern auch unter den Lebenden. Auf Grand Cayman gibt es sogar ein Städtchen

Feuerfisch

mit dem Namen Bodden Town. Es ist nach dem früheren Gouverneur William Bodden benannt; dem großen, alten Mann von Grand Cayman. Einige der britischen Siedler zogen im Laufe der Geschichte weiter ins heutige Honduras. So kommt es denn auch, dass auf den Bay Islands in Honduras lieber englisch als spanisch gesprochen wird. Der jetzige Bürgermeister von Utila ist ebenfalls ein Bodden.

Die Cayman Islands zählen zu den spektakulärsten **Taucherparadiesen** der Karibik. Die Inseln stehen auf dem Cayman Ridge, einem über 7000 Meter hohem Gebirgsrücken. Er ist Teil eines gewaltigen Unterwassergebirges, das sich von Kuba bis nach Florida erstreckt. Wer um die Inseln herum taucht, findet sich in einer atemberaubenden, maritimen Landschaft wieder, durch die tausende von Fischen kreuzen ohne zu ahnen, wie schön das alles ist. Riesige Korallen-Riffe und geheimnisvolle Höhlen; zerklüftete Schluchten und mehr als spektakuläre Steilwände, die bis zu 2000 Meter nahezu senkrecht in die Tiefe fallen. Auch die Schnorchler/innen kommen nicht zu kurz; alle drei Inseln sind von einem Korallenring umschlossen, der so knapp unter der Wasseroberfläche liegt, dass die Korallen in ihren buntesten Farben erstrahlen können. Angereichert wird diese surreale Welt durch etliche, zum Teil riesige Schiffswracks; sogar ausgediente Kriegsschiffe sind dabei. Außerdem der künstlerische Nachbau der versunkenen Stadt Atlantis. Insgesamt gibt es etwa 365 offizielle Tauchplätze. Wer möchte, kann also ein ganzes Jahr auf den Inseln bleiben und jeden Tag woanders tauchen. Etwa 40 Tauchveranstalter stehen dafür zur Verfügung. Das Wasser ist so sauber, dass Unterwasser-Sichtweiten von 30 Metern keine Seltenheit sind.

Der **Feuerfisch** ist sozusagen der islamische Krieger unter den Meeresbewohnern. Er bedroht die Schönheit der Korallenriffe und ist eine Gefahr für die anderen Bewohner der Riffe. Der kleine Teufel wird nicht viel größer als 40 Zentimeter. Doch er kann seinen Magen um das 30fache vergrößern und ein Beutetier verspeisen, das zwei Drittel seiner eigenen Körpergröße entspricht. Feuerfische können das nicht nur, sie machen es auch. In der Karibik hat der gefräßige Meeresbewohner keine nennenswerten Feinde und vermehrt sich, als sei er ein Unterwasserkarnickel. Wenn man ihn gewähren ließe, müssten viele Arten ins Grass bzw. in den Meeresgrund beißen. Das sensible Ökosystem der Korallenriffe würde zerstört. Der Feuerfisch ist ursprünglich im Pazifischen und im Indischen Ozean zu Hause. Dort hat er natürliche Feinde, die seine Ausbreitung verhindern. Es wird vermutet, dass er auf dem Umweg über Aquarien im US-Bundesstaat Florida in die Karibik gekommen ist. Mit seinen fächerförmigen Flossen und seinen bunten Bruststacheln eignet sich der Feuerfisch theoretisch als Zierfisch. Doch die Aquarium-Besitzer hatten nach kurzer Zeit von seinem aggressiven Verhalten die Schnauze voll und sollen ihn einfach ins Meer gekippt haben. Seitdem macht er die Karibik unsicher. Bei den Cayman Islands treibt sich der Schädling seit etwa 2008 herum. Durch wenig zimperliche Aussonderungsprogramme (Harpunen und Speere sind ausdrücklich erlaubt) ist es in den zu Cayman gehörenden Gewässern gelungen, die weitere Vermehrung des Widerlings zu verhindern. Da er sich durchaus als Speisefisch eignet, wird der Feuerfisch mittlerweile auch vermehrt in Restaurants angeboten. Tun Sie ein gutes Werk und essen sie ihn auf!

Cayman ist ein Hotspot für **Hochseefischer**. Ältere Semester können einen auf Hemingway machen und sich wie der alte Mann und das Meer fühlen. Auf den Inseln werden regelmäßig Wettkämpfe ausgetragen, bei denen der schwerste gefangene Fisch mit Preisgeldern von bis zu 5000 US$ prämiert wird – und natürlich dem obligatorischen Siegerfoto mit dem riesigen, toten Fisch, der an einem Seil vor der überlegen lächelnden Crew hängt. So ein Mahi Mahi (Große Golfmakrele) kann bis zu 40 Kilo auf die Waage bringen – und schmeckt sehr gut.

Auf Grand Cayman entwickelt sich so nach und nach eine erstklassige **Künstler-Szene**. Das Ritz Carlton hat in der Brücke, die über die West Bay Road führt eine immer spannende Ausstellung mit ständig wechselnden Künstler/innen. Dort habe ich noch jedes Mal ein Bild gesehen, das mich fasziniert hat. Der in Deutschland geborene Jamaikaner Guy Harvey wurde mit seinen Bildern zu Hemingways „Der alte Mann und das Meer" berühmt; jetzt hat er seine Galerie (mit Andenkenladen) an der Uferstraße in George Town. Vorreiterin der bunten Cayman-Kunst war die 2003 als alte Dame verstorbene **Miss Lassie** (bürgerlich Gladwyn Bush). Unter den aufstrebenden Künstlern ist mir Yonari Powery aufgefallen mit seinen dramatischen Seebildern. Schauen Sie sich einfach mal um in den Galerien von George Town.

Cayman Islands sind ein sehr beliebtes Ziel für große und ganz große **Kreuzfahrtschiffe**. Mit Kabinen für 2000 bis 4500 Passagiere zuzüglich Besatzung erinnern sie mich schon ein wenig an groß-industrielle Legehennen-Batterien, und ich frage mich, ob das noch artgerechte Unterbringung von Touristen ist. Tradition hat so eine vergnügliche Massenhaltung auf hoher See ja durchaus – bereits die legendäre Titanic hatte auf ihrer tödlichen Jungfernfahrt über 2200 Personen an Bord. Im Hafen und den umliegenden Straßen von George Town warten Andenkenläden mit Tausenden von Badelatschen und noch mehr T-Shirts, Modegeschäfte und Juweliere auf Käufer in Urlaubsstimmung. Auch das Angebot in den Einkaufszentren ist ganz auf die

Kreuzfahrer/innen abgestimmt. Wenn viele Kreuzfahrtschiffe gleichzeitig ankommen, wirkt der Hafen in George Town ein bisschen wie ein maritimer Busbahnhof. So ein Getriebe ist gut fürs Geschäft. Für die Umwelt und die Naturwunder ist es nicht immer gut. Im August 2014 näherte sich die Carnival Magic, eine schwimmende Stadt der sog. Dream-Klasse mit Platz für 4500 Passagiere der Insel. Es gelang nicht, den Anker in der dafür ausgewiesenen Zone auszuwerfen. Stattdessen traf man ein Korallenriff und zerstörte etwa 2000 Quadratmeter Korallen. Die Reederei sagt, die Hafenbehörde sei schuld, und die Hafenbehörde sagt, die Reederei sei schuld. Immerhin hat Carnival Cruise Line eine erste Zahlung von 100.000 US$ geleistet, damit das Riff wiederhergestellt werden kann. Sicher ist, dass die Regenerierung Jahrzehnte braucht.

Leider werden die Paradiesinseln immer mal wieder von mörderischen Wirbelstürmen heimgesucht. Im Jahre **2008** traf **Hurricane Paloma**, der drittgrößte atlantische Wirbelsturm seit Menschengedenken, mit etwa 250 Stundenkilometern voll auf Cayman Brac und richtete gewaltige Schäden an. Etwa 70 Gebäude wurden völlig zerstört und an die 1000 wurden beschädigt. Über Wochen gab es keinen Strom und kein Telefon. Little Cayman war nicht ganz so schlimm betroffen, und Grand Cayman kam mit noch geringeren Schäden vergleichsweise ungeschoren davon. Im September **2004** beschädigte **Hurricane Ivan** 85% aller Gebäude auf Grand Cayman. Die Versorgung mit Lebensmitteln, Strom und Benzin war wochenlang schwierig. Es kam sogar zu Plünderungen. Touristen und Kreuzfahrtschiffe kamen erst nach zwei Monaten wieder zurück zu den Kaiman-Inseln. Nur die agile Finanzindustrie schaffte es, schon nach einer Woche wieder funktionsfähig zu sein. Der schlimmste Hurricane von allen traf die Cayman Islands im Jahre **1932**. Um die 100 Menschen starben, fast alle auf Cayman Brac. Vor Grand Cayman wurde der über 100 Meter lange Frachter Balboa in den Hafen von George Town getrieben und sank dort. Taucher können die auf dem Meeresboden verstreuten Reste des Schiffes noch heute erkunden. Auf dem Inselknirps Little Cayman wurden 1932 alle Häuser zerstört. Danach lebten lange Zeit kaum noch Menschen auf der Insel.

Und wie geht es nun weiter mit den Wirbelstürmen? Einige Meteorologen sagen, dass die karibischen **Hurricanes** sich nach und nach entweder nach Süden und nach Norden verschieben würden. Das wäre eine gute Nachricht für Cayman. Die Klimaforscher gehen allerdings davon aus, dass Wirbelstürme durch die Erderwärmung deutlich zunehmen würden. Also, was denn nun? Das weiß wohl nur der Liebe Gott. Vorerst bleibt es wohl so, dass zwischen Juni und November hinter den Gewitterwolken auch schon einmal ein Hurricane lauern kann.

Eine ziemlich heikle Sache sind (die wunderschönen) Schmuckstücke aus **Schwarzer Koralle**. Vom Naturschutz her ist es so eine Art Unterwasser-Elfenbein. In vielen Ländern darf mit der auf der Liste der gefährdeten Arten stehenden Schwarzen Koralle nicht mehr gehandelt werden. Das war längst nicht immer so. Der **Meisterjuwelier Bernhard K. Passmann** aus Grand Cayman hatte es mit seinen Schmuckstücken und Kunstwerken aus Schwarzer Koralle zu Weltruhm gebracht. Zu seinen Kunden zählten das Britische Königshaus (er schuf ein Tafelgeschirr aus Sterling Silber und Koralle zur Hochzeit von Lady Diana und Prinz Charles), das Weiße Haus und sogar der Vatikan. Bernhard K. Passmann starb hochbetagt im Jahre 2007. So blieb ihm erspart, dass das von seinen Erben weitergeführte exquisite Geschäft auf der Cardinal Avenue in George Town (mit Filialen in Beverly Hills und Las Vegas) im Jahre 2013 wegen Verstoß gegen die Artenschutzgesetze geschlossen wurde. In Cayman darf die Schwarze Koralle nicht mehr den Riffen entnommen werden. Legal eingeführte Koralle darf jedoch weiterhin verarbeitet und verkauft werden. Das wird auch von den meisten Juwelieren getan. In Deutschland muss man nachweisen können, den Korallenschmuck rechtmäßig erworben zu haben. Die Entscheidung, sich mit Schwarzer Koralle zu schmücken, liegt also letztlich beim Gewissen und beim Geldbeutel.

Cayman Turtle Farm

Kuriositäten:

Die drei Inseln heißen seit dem 17. Jahrhundert **Cayman Islands**. Dabei hat es dort nie echte Kaimane gegeben. Es gab Salzwasserkrokodile, die zugegebenermaßen so ähnlich aussehen wie Kaimane. Doch auch sie hatten es auf den Inseln nicht leicht. Im 19. Jahrhundert war es ein beliebter Sport, Krokodile zu jagen und sie zu erschießen. Heute lebt nur noch ein einziges, riesiges Krokodil namens Smiley auf Cayman. Es ist in einem Gehege der Turtle Farm von West Bay eingesperrt. Smiley hat bei weitem nicht die freundliche Ausstrahlung, die sein Name erwarten lässt – für mich ein eher unsympathisches Tier, dem ich in freier Wildbahn keinesfalls begegnen möchte. Auf alten spanischen Karten trug die Inselgruppe den Namen „Los Lagartos – die Eidechsen". Große Eidechsen hat es allerdings auf den Cayman Islands auch nie gegeben. Es könnte gut sein, dass die spanischen Seefahrer die Krokodile für große Eidechsen gehalten haben – Leuten, die selten in den Zoo gehen, kann so etwas leicht passieren. Sie könnten mit „Lagartos" auch die vielen Leguane gemeint haben, die damals wie heute auf den Caymans leben. Die als ordinär geltenden **grünen Leguane** sind fast schon zur Plage geworden. Auf Grand Cayman

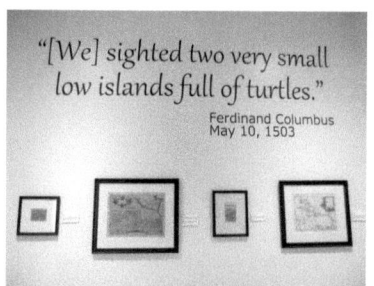

"[We] sighted two very small low islands full of turtles."
Ferdinand Columbus
May 10, 1503

latschen sie selbst auf den Golfplätzen der feinen Leute herum. Gut beobachtet haben Christoph Columbus und sein Sohn Ferdinand. Sie waren am 10. Mai 1503 an Little Cayman und Brac Cayman vorbeigesegelt. Ferdinand rief: „Zwei ganz kleine In-seln, voll mit **Schildkröten**." Daraufhin nannte der Alte die Insel-gruppe „Las Tortugas – die Schildkröten". Doch die Kartographen und Geschichtsschreiber hörten nicht auf ihn; der Name Cayman Islands setzte sich durch.

Der bekannteste Barde der Insel, das ist der **Barefoot Man** mit seinen lustigen Strand-, Calypso-, Country- und Blödelsongs von Jeff, dem Trottel-Taucher, von „Viagra, the wonderful, magical Pill" oder von den Froschmännern, die es tiefer machen. Sein Lied vom Cayman-Gouverneur, der doch tatsächlich ein Kreuzfahrtschiff mit Schwulen nicht anlegen lassen wollte, ist fast schon politisch. Wer genau hinhört, bemerkt vielleicht den ganz leichten germanischen Akzent des Barefoot Man. Er heißt nämlich eigentlich George Nowak und kommt aus Bayern. 1972 fühlte er sich reif für die Insel, ging nach Cayman und blieb dann einfach da. Ihm fiel auf, dass die Cayman Islands zu den ganz wenigen Karibik-Inseln gehören, auf denen Country Musik Tradition hat. Das setzt er gerne und oft in seinem Reper-toire fort. Nach mehr als 40 Jahren im Insel-Musik-Geschäft, hat ihn jemand in einem Interview gefragt, wann er denn in den verdienten Ruhestand gehen will. Der Barefoot Man war erstaunt und meinte lakonisch, das sei er doch schon seit mehr als 40 Jahren. Nette Anek-doten vom Inselleben hat er in seinem Büchlein „Which way to the

Islands" aufgeschrieben. Wenn der Lebenskünstler nicht gerade auf einer anderen Insel auf Tournee ist, tritt er samstags abends im Wharf am Anfang des Seven Mile Beach auf. Auch die Barefoot-Familie pflegt die traditionellen Beziehungen zwischen den Cayman Islands und Honduras; sein Sohn leitet das schicke Coral Beach Resort auf der honduranischen Ferieninsel Utila.

Tipp: Kaufen sie sich vor ihrer Reise eine CD vom Barefoot Man, dann sind Sie schon in Karibik-Stimmung, wenn Sie ankommen.

9. Schlaglicht
Bücher und Filme

Bücher:

Es gibt nicht viele Bücher über die Cayman Islands in deutscher Sprache. Deshalb wundern Sie sich nicht, dass ich auch Bücher bespreche, die nur auf Englisch erhältlich sind.

Die größte und sehr gut sortierte Buchhandlung auf Grand Cayman ist Books & Books auf der 45 Market Street in Camana Bay. In der „Heimatecke" findet man viele Bücher, die mit den Inseln zu tun haben oder dort spielen.

John Grisham
Die Firma, 1992

Thriller der Extraklasse um einen jungen, talentierten, vielleicht etwas zu ehrgeizigen Anwalt, der sich in die Fänge der Mafia treiben lässt. Der mittlerweile mehr als 20 Jahre alte Weltbestseller ist glänzend recherchiert, nicht nur was die Machenschaften im Steuerparadies angeht. Grisham erzählt so einiges über die Inseln, ihre Geschichte und ihren Chic am Seven Mile Beach; auch Dinge, die Anfang der 1990er noch anders waren. Damals wurde noch an jeder Ecke der Insel Domino gespielt; und die Amerikaner waren entsetzt, dass man selbst in der Kentucky Fried Chicken Filiale nicht so recht wusste, wie ein Huhn richtig zubereitet wird.

Sheldon M. Brown
Caribbean Cartels, 2010

Der Autor ist eine Nummer für sich: ein ehemaliger Gangster, der mittlerweile für viele Jahre im Knast sitzt und Thriller schreibt. Ein Mann, der sich auskennt. So kommt die Story auch ziemlich authentisch rüber, und einiges an Lokalkolorit hat das Ganze auch. Kokain und Marihuana werden über die Cayman Islands nach Miami geschmuggelt. Ein angesehener Geschäftsmann aus George Town ist einer der Strippenzieher, und die Inseljustiz tut sich schwer. Schießereien, Tote und Sex gibt es auch. Leider nur auf Englisch.

Von Sheldon M. Brown sind noch drei weitere Thriller erschienen, die u.a. auf den Cayman Islands spielen: Unholy Accord zum Thema islamischer Terrorismus (2012), Mayflower zu den Machenschaften der Finanzindustrie (2012) und Servitude zum Thema Prostitution und Menschenhandel (2013).

Rudolf Elmer
Bankenterror, 2010

Ein Blick hinter die Kulissen des Steuerparadieses. Der Autor hatte von 1994 bis 2002 für das Schweizer Bankhaus Julius Bär auf Grand Cayman gearbeitet und dabei so einiges kritisiert. Nach seinem Rausschmiss hat er interne Unterlagen der Bank bei Wikileaks veröffentlicht. Ein Michael Kohlhaas der Neuzeit, der die Bankenwelt und ihre Kunden systematischer Steuerhinterziehung, Lug, Trug und der Nötigung bezichtigt. Seine Gegner sagen, der Whistleblower sei auch selbst nicht ganz sauber und habe sogar frühere Kollegen bedroht. Gauner gegen Gauner? Auf jeden Fall streitet man sich noch heute vor den schweizer Gerichten. Ein interessantes, etwas holprig und moralinsauer geschriebenes Enthüllungsbuch.

Frommer's Portable
Cayman Islands
5. Aufl. 2011

Frommer's Portable ist wirklich tragbar; keine dicke Schwarte, sondern ein übersichtlich gestalteter, kleiner Reiseführer; gute Tipps und spannende Hintergrund-Infos in den lesenswerten Kästen am Rande des Textes. Leider nur in Englisch.

Fodor's In Focus
Cayman Islands
4. Aufl. 2015

Auch Fodor's Reiseführer ist ein handliches Büchlein; ausführlicher als Frommers, aber – trotz seines Titels – nicht ganz so fokussiert. Dafür aber mit der 2014er Auflage aktueller, auch nur in Englisch.

Gladys B. Howard
Cook' In Little Cayman, 1996

Ein Buch mit den Rezepten der ehemaligen Inhaberin des Pirates Point Resort auf Little Cayman. Die begnadete Köchin schaffte es, die Gourmet-Küche ans „Ende der Welt" zu bringen.

Joanna Lawrence / Courtney Platt
Paradise Interrupted, 2004

Eine beeindruckende Fotodokumentation der Verwüstungen, die Hurricane Ivan im Jahre 2004 auf Grand Cayman anrichtete.

Gay Morse
So, You Want to Live on an Island, 2004

Die Autorin hat jahrelang als Tauchlehrerin auf den Cayman Islands gearbeitet. In dem Büchlein sind ihre Insel- und Touristen-Anekdoten, dazu jede Menge Taucherlatein.

H.G. Nowak
Which Way to the Islands, 2012

Lustige Inselgeschichten (von den Cayman Islands und vielen anderen Inseln), erzählt vom Barefoot Man, dem originellen Barden von Grand Cayman. Als er Anfang der 1970er Jahre nach Cayman kam, waren es noch Inseln, die die Zeit vergessen hatte – Islands time forgot. Ein paar Jahre später setzte dann der große Wandel und Boom ein. Hotels, Banken und Geld setzten sich da fest, wo es bis dato nur Mangroven und relaxte Dominospieler gab. Noch viele Jahre ging vieles nur sehr, sehr langsam. Etliches funktionierte auch gar nicht, was die Einheimischen nicht weiter störte. Viel Raum für nette Anekdoten, die uns der bekennende Robinson-Insel-Fan in diesem Büchlein erzählt: Leider, leider nur auf Englisch.

Randy Wayne White / Randy Striker
Grand Cayman Slam, 1982, 2009

Flüssig geschriebener Krimi aus so einer Fließband-Roman-Serie aus den 1980er Jahren. Mord, Entführung und harte Männer, Schießereien, viele Tote und schöne Frauen, Sex und Spannung ohne Tiefgang. Als gut recherchierte Kulisse dient Grand Cayman, wie es in den 1980ern einmal war und teilweise heute noch so ist. Ideales Pool-Buch; leider nur auf englisch.

Es gibt noch eine Reihe anderer Krimis und Thriller, die auf den Kaimaninseln spielen, wie die „Cayman Islands Trilogy" von Dianna T. Benson oder die „Deadly Series" von Elke Feuer. Sie haben aber deutlich weniger Lokalkolorit.

Filme:

Die Firma
Sydney Pollack, 1993

Die Verfilmung des Bestsellers von John Grisham ist gelungen. Mit Tom Cruise in der Hauptrolle glänzend besetzt und trotz Überlänge keine Minute langweilig. Die Karibik-Szenen des Thrillers sind tatsächlich auf Cayman gedreht, hauptsächlich am Seven Mile Beach. Der Inselbarde Barefoot Man hat zum Soundtrack den flotten Song Money-Money-Money beigesteuert. Doch insgesamt kommt das besondere Ambiente der Cayman Islands in dem Film nicht so gut rüber wie im Buch.

Haven
Frank E. Flowers, 2004

Auf Grand Cayman gedrehter Thriller mit recht wenig Insel-Kolorit. Handlung und Kameraführung sind ziemlich hektisch.

A Leak in Paradise
David Leloup / Jean-Philippe Rouxel, 2011

Die etwas langatmige Verfilmung der Erlebnisse und Leiden des Ex-Bankers und Whistleblowers Rudolf Elmer (siehe oben Autor des Buches „Bankenterror"). Die Occupy-Bewegung meint: ein Leckerbissen, und befürchtet, dass der Film bald wieder aus dem Internet verbannt wird.

10. Schlaglicht
Hinweise und Nebenwirkungen

Das deutsche Billigbier Sternburger hatte einmal eine ziemlich geniale Reklame mit einem blasierten Herrn, der sagt: „Wenn es teurer wäre, würde ich es auch trinken". Diesem Herrn würden die Cayman Islands garantiert gefallen; denn hier ist **alles ein bisschen teurer**. Im Supermarkt sind **Preise** doppelt bis dreifach so hoch wie bei uns. Eine Dose Bier kostet 2,50 US$, eine Flasche Saft gar 7 US$; Zigaretten nicht unter 12 US$. Alkohol ist fast schon prohibitiv teuer. So lohnt es sich auf jeden Fall, sich bei Anreise im heimischen Duty-Free-Shop nach einer guten Flasche Schnaps umzusehen. Im Vergleich zu den Geschäften sind die teuren Spitzenrestaurants am berühmten Seven Mile Beach noch vergleichsweise preisgünstig. Bei den Hotels läuft nichts unter 100 US$, und dann ist man in einer Art Motel gelandet. Man kann sein Geld auf den Inseln also nicht nur in einer Offshore-Bank verstecken; man kann es auch prächtig unter die Leute bringen. Für Dagobert Duck wären die Inseln trotz der wunderbaren, digitalen Geldspeicher ein traumatischer Ort. Wenn man in der Nebensaison kommt und sich ein bisschen auskennt, ist es nicht gar so schlimm. Ein Billigurlaub auf den Cayman Islands bleibt indes ausgeschlossen.

Auf Grand Cayman gibt es einen ausgezeichneten und preisgünstigen Kleinbusverkehr. Sie erkennen die **Busse** an einem aufgeklebten bunten Punkt mit Zahlen und Buchstaben. Die Linien 1WB und 2WB fahren von George Town über den Seven Mile Beach nach West Bay, 6WB über Camana Bay nach West Bay, die Linie 3BT nach Bodden Town, 4EE nach East End, die Linien 5EE/NS und 9EE/NS über East End zur North Side, die 8NS über Bodden Town zur North Side; 7GT schließlich fährt auf der Uferstraße vom einen zum andern Ende von George Town. In der Stadt gibt es einen Busbahnhof am Heroes Square/Edward Street. Ansonsten kann man sich einfach irgendwo an den Straßenrand stellen und winken, wenn man mitfahren möchte. Die Kurzstrecken kosten nur zwei Cayman Dollar, die „Inselrundfahrten" bis zu zehn, je nach Entfernung. Außerhalb von George Town, Seven Mile Beach und Teilen von West Bay sind die Fahrpläne allerdings begrenzt. Nachts fahren die Kleinbusse überhaupt nicht. Es gibt auch keinen Flughafen-Bus.

Die Cayman Islands haben eine eigene Währung, den **Cayman Dollar**. In guter britischer Tradition lächelt Königin Elisabeth die Zweite huldvoll von den hübschen Geldscheinen. Bezahlen kann man aber auch mit US Dollar. Der Cayman Dollar ist 1,25 US$ wert. Also muss man ein bisschen aufpassen. Denn manchmal ist nicht so klar, welcher Dollar bei den Preisen denn nun gemeint ist.

Es gibt keine Linienschifffahrt zwischen den drei Kaiman-Inseln. Man fliegt mit kleinen **Inselhüpfern der Cayman Airways** für etwas mehr als 50 US$ von einem Eiland zum anderen. Täglich werden mehrere Flüge angeboten. Wer sich die beiden kleineren Inseln

nur einmal kurz anschauen möchte, kann morgens hin und abends wieder zurück fliegen. Die Flugzeuge von Cayman Airways sind schön karibisch bunt und in gutem Zustand. **Internationale Flüge** werden nach Miami, Chicago, Dallas, Tampa und New York, aber auch nach Kuba, Jamaica (Kingston und Montego Bay) und nach Honduras (La Ceiba an der Nordküste) angeboten. Das Wappentier der Luftlinie ist seltsamerweise die Schildkröte – bekanntlich kein großer Flieger unter den Tieren. Dafür gibt es an Bord auf allen internationalen Flügen Rumpunsch. Von Deutschland aus fliegt man entweder über London und Nassau mit British Airways nach George Town, oder mit anderen Luftlinien wie Iberia, KLM, Delta oder American Airlines über die USA. Die Flüge kosten ab 650 Euro aufwärts und dauern einschließlich ein- bis zweimal Umsteigen 15 Stunden oder mehr.

Für Leute aus dem alten Europa ist es etwas **gewöhnungsbe-dürftig**, wie man bisweilen auf Cayman angesprochen wird: prollig jamaikanisch mit „hey man" oder US-affig mit „you guys". Und in den teureren Hotels schwänzeln dauernd irgendwelche hilfsbereite Geister um Sie herum und fragen, ob es Ihnen auch gut geht.

Wenn Ihr Flieger Verspätung haben sollte, kein Grund, verärgert am Flughafen herumzuhängen. Vor dem Flughafengebäude warten kostenlose Shuttle-Busse, die einen zu dem weniger als einen Kilome-ter entfernten **George Town Yacht Club** bringen. Dort gibt es ein schickes Restaurant und sogar einen Pool mit Umkleidekabinen; gutes Essen in herrlicher Karibik-Atmosphäre; fürs Auge ein paar elegante Yachten und ein netter, kleiner Leuchtturm.

Touristische **Hochsaison** ist von Mitte Dezember bis Ende April. In dieser Zeit ist alles teurer; die Hotels verdoppeln den Preis, manche verlangen das Dreifache. Mai, Juni und November sind eine Art Zwischensaison. Richtig günstig sind die Preise von Juli bis Oktober, Monate, die klimatisch nicht ganz so angenehm sind. Denn im Juli und August ist es sehr heiß; im September und Oktober gibt es bisweilen Sturm und Regen. Auch im Juni und November kann es schon einmal regnen, allerdings viel seltener, mit viel Pech selbst im Dezember. So richtig schlechtes Wetter herrscht in der Karibik aber eigentlich nie. Es sei denn, es kommt gerade ein Hurricane. Das kann theoretisch zwischen Juni und November passieren – und dann sollte man besser nicht auf den Inseln sein.

Grand Cayman hat sich auf romantische **Hochzeitsfeiern** spezialisiert. Es gibt regelrechte Hochzeitsplaner (Wedding Planners), Unternehmen, die für das entsprechende Kleingeld Traumhochzeiten veranstalten, oder außergewöhnliche Hochzeiten. Wir haben am Seven Mile Beach einen Bräutigam im weißen Jackett und kurzer Hose beobachtet. Selbst unter Wasser kann man heiraten; für Taucher-Pärchen das non plus ultra, und die Fische machen große Glubschaugen. Vielleicht haben solche originellen Feiern auch damit zu tun, dass man kurioserweise auf Cayman den tollsten Schmuck, herrliche Blumen und Geschenke, aber keine Brautkleider kaufen kann; ein solches muss man schon von zuhause

mitbringen, wenn man es klassisch möchte. Auf der Webpage *www.caymannewresident.com* ist unter dem Stichwort „Getting Married" ausführlich erklärt, wie man seine Hochzeit auf Cayman organisiert, einschließlich des damit einher gehenden internationalen Papierkriegs.

Billige **Hotels** gibt es auf den Cayman Islands kaum. Wir waren bei unserem ersten Trip am schönen Seven Mile Beach in einer mittelmäßigen Ferienwohnung in dritter Reihe untergebracht und mussten pro Nacht und ohne Frühstück soviel bezahlen wie im Hotel Adlon in Berlin. Das war allerdings während der Hauptsaison. In der Nebensaison sind Super-Hotels und schöne Apartments durchaus für knapp 250 US$ zu bekommen. Kommen Sie mit der ganzen Familie; dann rechnet es sich. Denn die Apartments haben teilweise zwei oder sogar drei Schlafzimmer.

Auf Cayman fährt man auf der falschen Seite der Straße. Gott sei Dank machen das wenigstens alle so. Gleichwohl ist der **Linksverkehr** für Ungewohnte nicht ganz ungefährlich. Wer instinktiv beim Überqueren einer Straße erst mal nach links schaut und unwillkürlich schon einmal einen Schritt nach vorne tut, hat schlechte Karten. Auch wenn Sie einen Mietwagen nehmen, sollten Sie den Linksverkehr berücksichtigen; denn die im Preis inbegriffene Vollkaskoversicherung leistet nicht, wenn man auf der falschen Seite der Straße fährt und etwas passiert.

Schmuck und **Luxusgüter** gibt es auf Grand Cayman in Hülle und Fülle. Alle sind vertreten: Die großen Marken und Designer, First Class Juweliere und schweizer Uhrfabrikanten. Epizentren der

Am George Town Yacht Club

Schickeria-Artikel sind die Cardinal Avenue in George Town und das neue Camana Bay Viertel. Auch die großen Hotels und einige der Einkaufszentren am Seven Mile Beach bieten die schö-nen und teuren Sachen an, die man nicht so unbedingt zum Überle-ben braucht. Die Preziosen sind nicht unbedingt preisgünstiger als in Deutschland. Wer ein Schnäppchen machen will, muss sich schon ziemlich gut auskennen. Juwelierläden, die es mit Paris, Mailand oder Miami aufnehmen können sind **Magnum Jewelers** im Ritz, im Marriott und auf der Cardinal Avenue. Etwas familiärer ist das Geschäft der mit vielen Juwelier-Preisen ausgezeichneten Caymanerin Mitzi Callan. **Mitzi's Fine Jewelry** finden Sie im Bay Harbour Centre am Seven Mile Beach, zwischen den Grand Cayman Beach Suites und dem Ritz Carlton.

Von einigen Veranstaltern wird ein Ausflug zum **Meeresleuchten** angeboten. Passionierte Biologen mögen es als cool empfinden, dass irgendwelche besonderen Algen es fertig bringen, einen surrealen Lichtschimmer zu erzeugen, wenn sich etwas im Wasser bewegt. Für mich als Laien waren die grün und rot im Meer flackernden Positions-lampen für die Schifffahrt da schon interessanter, zumal die Algen ihr Naturschauspiel ausgerechnet in einer Bucht veranstalten, in der grell beleuchtete Villen am Ufer stehen. Eine Tour zum Meeresleuchten soll-te man nach Möglichkeit mit einem Kajak machen, da die Treibstoff-reste von Motorbooten den empfindlichen Mikroorganismen der Algen schaden.

Ein **Mietwagen** ist die beste Möglichkeit, Grand Cayman jenseits der begrenzten Busverbindungen zu erkunden. Gute Erfahrungen gemacht habe ich mit Andy's Rent-Car/Payless Car Rental auf der West

Bay Road am Seven Mile Beach gegenüber vom Marriott. Es gab einen Kleinstwagen mit Klimaanlage, gut funktionierendem Radio und Vollkaskoversicherung für 60 US$. Für die ausgezeichneten Straßen auf Grand Cayman reicht der sympathische Winzling völlig aus.

Der **National Trust** hat die Aufgabe, das Natur- und Kulturerbe der Cayman Islands zu bewahren und den Besucher/innen die Schönheit des Archipels nahezubringen. Das Hauptbüro in George Town ist montags bis freitags jeweils von 9.00 bis 17.00 Uhr geöffnet (558A South Church Street, ziemlich weit außerhalb beim Grand Old House). Auch auf den kleineren Inseln gibt es Büros; sie werden von Ehrenamtlichen betrieben und sind nicht ganz so häufig auf.

Mit Stechmücken, Sandflöhen und ähnlichen **Plagegeistern** haben Sie auf Cayman nur wenig Probleme. Denn es gibt seit 1966 eine sehr effektive Institution, die Mosquito Research and Control Unit. Sie hat die lästigen Tierchen nahezu ausgerottet.

Jede/r Fotograf/in weiß, dass es fast überall sehr schwierig ist, gute Bilder von **Sonnenuntergängen** zu machen. Zelluloid und Pixel sind der abendlichen Lichtkunst unseres lebensspendenden Gestirns meist nicht gewachsen. Die Cayman Islands aber gehören zu den Orten der Welt, wo das Farbspiel der Sonne so intensiv ist, dass selbst ein einfacher Fotoapparat sich nicht verweigert und Ihnen einmalig schöne Bilder auf den Chip zaubert. Die mit Abstand beste Sonnenuntergang-Location auf Grand Cayman ist der berühmte Seven Mile Beach. Er ist exakt nach Westen ausgerichtet und lässt das Gestirn bei schönem Wetter wahrhaft dramatisch in den Fluten versinken. Für Frühaufsteher und Sonnenaufgang-Fans empfiehlt sich Colliers Beach im äußersten Osten der Insel.

Taxis sind ziemlich teuer. Die kurze Fahrt vom Flughafen zum Seven Mile Beach kostet zum Beispiel 18 US$. Die Taxen haben feste Preise, zumindest dann, wenn man nach der Preisliste fragt; wenn man nicht fragt, kann es auch schon einmal noch teurer werden. Als Fahrzeuge werden ausschließlich Kleinbusse eingesetzt; standesgemäße Limousinen sucht man vergeblich.

Es lohnt sich, am Flughafen nicht einfach an der **Touristeninfo** vorbeizugehen. Dort liegen kostenlos sehr gute Prospekte, Inselbroschüren und Restaurantführer aus.

Weihnachten auf Grand Cayman – Kitsch as Kitsch can oder einfach nur schön

Daniel A. Kempken
Schlaglichter Uruguay.

Auch dieser Reiseführer folgt den goldenen Regeln aller bisher erschienenen Schlaglichter. Sie sind Lesebuch und Reiseführer zugleich.

Und weil Uruguay ein Land voll außergewöhnlicher Geschichten ist, habe ich diesen noch ein Extrakapitel gewidmet.

Nach Buenos Aires bin ich eigentlich nur gefahren, um mir Mario Palantis Palacio Barolo anzuschauen. Als ich dort war, bin ich aus dem Staunen nicht mehr herausgekommen – das ist wirklich das Paris Lateinamerikas. Deshalb ist ein Abstecher nach Buenos Aires nur wärmstens zu empfehlen – es sind schließlich nur drei Stunden mit dem Schiff von Montevideo.

Willkommen am Río de la Plata!

Daniel A. Kempken
Schlaglichter Kanarische Inseln

Die Idee der Schlaglichter ist es, Leserinnen und Lesern ein Büchlein an die Hand zu geben, das alle Topp-Highlights und viele nicht so bekannte Attraktionen beschreibt. Es enthält für jede Insel mehr spannende Orte als Reisende in einem normalen Urlaub besuchen können. Dazu gibt es Hotel- und Restaurant-Tipps, Rezensionen von Büchern, die auf den Inseln spielen, und unterhaltsame Hintergrundinfos aus Geschichte, Kultur und dem Kuriositätenkabinett.

Die Schlaglichter sind ein fröhliches Lesebuch zum Schmökern und erheben dabei überhaupt keinen Anspruch auf Vollständigkeit. Im Gegenteil: sie sind ideal für alle, denen die Urlaubszeit zu kostbar ist, um einen dicken Reiseführer zu studieren und die nicht für jede Insel ein neues Buch kaufen wollen. Das Büchlein kann auch bei der Entscheidung behilflich sein, welche der Kanarischen Inseln für Ihren nächsten Urlaub die Beste ist.

1. Aufl. 2011, brosch., 148 Seiten,
zahlreiche Farb- und s/w-Fotos
ISBN: 9783842378865, € 13,50

Erhältlich bei www.amazon.de
und in jedem Buchladen

Auch als e-Book erhältlich
Leseprobe bei **www.danielkempken.de**